どうして年寄りはカモられる？

門野 晴子
Kadono Haruko

どうして
年寄りは
カモられる？

目　次

目　次

目次

プロローグ

「もしもし、オフクロ？　オレだよ、オレ」

「オカネはないよ。元気でやってる？」

久びさの母と息子の〝愛の賛歌〟にも、せちがらい世相が反映する。

オレオレ詐欺→振りこめ詐欺→母さんは大丈夫と思っているあなた！　あなたの母親が狙われている――羽田空港の電光掲示板も劇的になってきて注意を促すが、詐欺事件は増えるばかりだと警察も銀行も言う（巻末に詳細）。

新幹線に乗って現金を手渡しに行く〝母さん〟のニュースに驚きながらも、私は絶対騙されないぞと自信満々。後期高齢者の仲間入りをしたとはいえ、体力・気力は十分にある。細々ながら仕事も現役だ。老人大国になったこの時代を自力で泳ぎきる覚悟もできた。

これがカモられやすい条件とは知らなかった！

年寄りが独りか老夫婦だけで生きざるをえなくなった時代に加え、１００歳以上も珍しくない未曽有の長寿時代となった。経済的にも健康的にも言い得ぬ不安を抱きながら、自立を迫られる圧倒的多数のシニア層。必然的にカモられターゲットも増える。

その言い得ぬ不安に付け込んでくる詐欺犯罪。つましいひとり暮らしをする老母の息子恋しさに付け込み、タンス預金を巻き上げるなんて許せない。〝岩壁の母〟はいまも健在なのだ。

「母さん、助けて」――息子のＳＯＳがどんなにうれしかったろう。タンス預金がなければ借金しても駆けつけよう。

私だって息子のそれはよく調べるだろうが、米・バークレー在住の孫からSOSが来たら、新幹線どころか飛行機に乗ってすっ飛んで行く〝岩壁のババ〟である。

わが命も惜しくないほどの愛する存在がいる弱み。これがサギられる条件のトップだろう。私は絶対大丈夫と自分を過信するカモられ条件と、対極にあるような愛しさへの弱み、この両極が同居する老いの複雑さに知能犯詐欺師が付け込む。


だが本書は、振りこめ詐欺防止の本ではない。そのテーマはマスメディアやネットでいくらでも読めるはずだから。

私がまとめたかったひとつは、老いてゆく哀しさ恐ろしさである。既刊で老親の喜怒哀楽を綴ってきた私だが、私自身が老いる試練は初体験ゆえに、自分で信じがたい劣化状態が始まっている。それを自覚させてくれたのが、ふたつの詐欺もどき未遂事件だった。

ひとつは個人的トラブル、ふたつは福祉法人の職員らにたばかられて青森まで行くハメに。相手の言動を立証できないため、本書は意趣返しで書くのではないが、認知症入り口のアホな私をノセていく過程が実に巧みで面白いのだ。

そのノセられかたと、やられた後のダメージや自己嫌悪は、未遂完遂にかかわらず普遍性があると関係者らが言う。某福祉関係者が「福祉の世界は年寄りおだててナンボの世界よ」と言うほど、鵜の目鷹の目で年寄りが狙われる怖ろしい老人大国になった。

まとめたかったふたつめは、誰もが安全で住みよい終の住処を求めているのに、この情報社会で本当に必要な情報は届き難いという現実である。

私は仕事がら必要なアンテナは少し高いと思っていたが、それにリーズナブルという条件が加わると、本当にない。東京・杉並区のケアハウスに入れた友人は7年間待ったそうだが、現在は約10年待ちだという。

私はひとり暮らしのマンションは危険なため、安全な終の住処を求めて練馬区→千葉・浦安→青森→熱海と2年間で3回も引っ越さねばならなかった。その不安定さに付け込まれ、からかわれた〝年寄りいじめ〟と言えなくもない。

安全で安価で民主的な老いの居場所を探すには、雑誌やパンフレットを見るだけではダメ。施設の評判など外側の情報だけでもダメ。必ず中の利用者のナマの声を聞き集めないと、「自治体も企業も法人もボッタクリの海賊集団だよ」という某マスコミ人の言葉もあるからして。

で、利用者に何を聞くかだが、財産を含むプライバシー権は守られているか、管理組合は機能しているか、人間関係の自由度など問題は多岐にわたるため、ぜひ本文の「熱海編」をご参照いただきたい。

私の条件にかなった熱海のケアハウスは入所者も職員も温かい人が多いため、カモられタイプの復活に時間はかかからなかった。懲りないワタシ……。

振りこめ詐欺の件については、全体像のインタビューを熱海警察署長にお願いした。なぜ署長か、は本文をお楽しみに。ウシシ。


人生100年時代のモデルはない。社会的に有用でなくなった（と見られる）長い長い歳月を、自分を決して諦めずいきいきと生きていくのは至難の業だと思う。思うが、そう生きようと努力することが、自分もハタも幸せになる道だと確信できる。

バカにされ笑われても、カモられても蹴られても、恥辱の淵から立ち上がるエネルギーこそが〝人間の誇り〟である。それを再生産する能力は誰にでも備わっていると信じることが、モデルのない時代を生き抜くよすがとなると考える。

一方で、自分の意思を表明できなくなっても、最期まで人間らしい生涯を終えるためには、ひとえに働く側にコトバヅラではない人権意識が求められることは言うまでもない。

人権問題はゆりかごから墓場まで。私がネバー　ギブ　アップで魂の終着駅に辿り着くまでの〝老いのカクラン〟が、皆さんの情報収集のための一助になれば幸いである。

Part 1

「自立」を迫られる高齢者

ひとり暮らしはアブナイ

一瞬、からだが宙に浮き、そのまま横倒しになった台車に叩きつけられた。蛙が踏みつぶされたような声を挙げた私は、したたかに打った胸の痛さに呼吸もままならず、ついに肋骨を折って寝たきり老人かと観念した。

待ちに待った拙著の新刊本を運んできた宅配人が、心配そうに玄関で声をかける。

「大丈夫ですか」

「ちょっと待ってて。立てるかどうかやってみるから」

台車の取っ手に全身の力をかけて立ち上がろうとする目の前で、要介護の母のためにバリアフリーにした白い手摺りがあざ笑っている。母亡き後に老いのひとり暮らしを迎えた私は、母のおかげで私自身の老後対策も万全だと安心していたところがあった。

外はどしゃ降りだった。朝寝をむさぼる私がインターホンに叩き起こされると、拙著のダンボールを抱えた女性ドライバーが合羽から雨粒をしたたらせて立っていた。本60冊を雨のために台車にも載せず、両腕で抱えて飛び込んで来た逞しい配達員。

私は肉体労働をする女性にヨワい。母が赤貧の暮らしで5人の子どもを食わせるため、もんぺをはいた肉体労働の一生だった姿に、ものごころついて以来罪の意識を持ち続けたせいもある。

エレベーターでマンション５階最上階に上がって来る間に玄関のドアを開き、ダンボールを引きずらずに済むように、奥の仕事部屋から台車を押して玄関に走った。そのとき足がもつれ、後は何が起こったかわからない。彼女を待たせてはいけないとそろそろと右足を立て、次いで左足を引き寄せた。激痛が走る。

立った。立てた。まだ寝たきりにならずに済んだらしい。

「大丈夫みたいよ。心配させたわね」

「よかった。びっくりしました。ここにサインをお願いします」

身体頑健な自分が信じられなかった。足がもつれて転ぶなんて、台車と〝心中〟して寝たきりになんて、冗談にもならない。これといったスポーツはやってないが、ときどきびっくりしたようにバレエやソーシャルダンスで踊り、びっくりしたように米・バークレー在住の孫と泳ぎ、その度「まだ大丈夫」と確認してきた。

ふだんはなるべくバスに乗らずに歩くが、これも夏冬のバークレー参りでは、いつの間にか私の背丈を追い越した１７５センチの孫息子においすがり、肩で息をする散歩を日課にもしていた。

まあ、年寄りが心がける健康法の一番怠け組の摂生とはいえ、76年間病気もせずに後期高齢者となった。あと10年は孫たちの顔を見に、太平洋を行き来したいと思う。老婆のささやかな贅沢であり、彼らの存在は私の生き甲斐というよりは、欲望のカタマリとなった老醜の魂の浄化を意味していたから。

孫たちはクラシック・オーティズム（自閉症）である。発語が困難な障がいを持った一男一女は現在17歳と13歳の思春期真っ盛り。発達障がいはひとりひとり症状が異なるが、うちの子はカネの価値もわからないし、モノを手に入れるプロセスがいまいちわかってないレベルだ。

建前や嘘もなく、カネやモノを欲しがらないように見える孫の存在は、老いてますますそれらにしがみつこうとする浅はかな私にとって衝撃だった。知能の遅れの目立つ幼少時ゆえかと思っていたが、まばゆいばかりの二次性徴に脱皮しても、相変わらずマイペースで淡々としている。彼らと呼吸する時間が長ければ長いほど、加齢による醜悪さにわずかでもブレーキがかかるかという他力本願の私だった。

他の人はいざ知らず、自分の傍若無人さに自分で辟易するようになったのは、六十路を数えたころからか。友人たちはそれを「いつも元気で羨ましい」とか「圧倒される」とか友情にお世辞と皮肉と何がしかの愛をこめてあきれてくれる。人生１００年時代の元気な年寄りは枚挙にいとまがないけれど、少なくとも私は孫たちによるカタルシスがなければ、暴走しかねない危うさを感じていた。

もちろん誰においても性格は表裏をなすから、こうだからああなれたと自分と折り合いをつけながら生きてきたし、そのまま老いの下り坂を駆け抜ける楽な生きかたもできないではなかった。だが、自分をごまかすことに拍車がかかった老いの前に、他の惑星から来たかのような異文化の生命が立ちはだかったのだ。

彼らとの十数年の関わりを思うと、転んでなんぞいられない。病気なんぞもしていられない。元気でいなければ無垢な命を抱きしめられないという、老いの願望を抱く矛盾がひとり暮らしを支えている。足がもつれた老化現象は、だから私にとって恐怖の宣告だった。

そして、誰もいなくなった

翌朝目覚めると、全身打撲で両脚はじめあちこちが黒ずんでいた。時間が経てば消えるだろうとは思ったが、胸の痛みが気になる。病院でレントゲンを撮ってもらおうか、とバークレーからの娘の電話に言うと、肋骨のひびくらいじゃレントゲンに映らない、湿布を貼って大人しく寝てなさいよ、ときたもんだ。

老いの事故でそのまま寝たきりになった知人らの悲劇が他人事でなくなった。通院、買い物、食事の支度などどれも自分でできなくなったとき、介護保険で週に1、2時間来てくれるサービスではどうにもならない。母のように有料のヘルパーさんを頼むにも、きょうだいたちからの援助金あっての自宅介護であり、助けてくれた近所の友人たちもいま一様に老いを迎えていた。

ひとり暮らしの生老病死は不可能なのだと愕然とした。元来走りながら考えるオッチョコチョイではあるけれど、母が臥床しているころは往診医、ナース、ヘルパーら専門家の来宅に加え、きょうだいたちや親戚の見舞い、私の友人たちの見舞い、それに歩いて3分の東京都立練馬高等保育学院の学生だった娘の介護の助っ人というよりは主役、結婚前後の息子夫婦や初孫の出入りなどなど賑やかな交流を見て、私の老後も何とかなりそうだと思っていた。

要介護になった老母が転がりこんできてちょうど10年。その間、寝たきり老人のゴーツク婆あぶりを『ワガババ介護日誌』（日本経済新聞に毎週2年半）に連載したのをはじめ、母のおかげで西武池袋線の大泉学園駅近くに3LDKの新築マンションを買うことができた。

当時〝還暦オトメ〟だった私は老いの入り口に立って、高齢化時代の自立した暮らしを誇らしく覚悟した。思えば昭和2桁のはしり前後が老親介護を当然視される最後の世代であり、同時に自分が要介護になったとき子どもたちが当てにならない最初の世代だろう。

私は敗戦時が国民学校2年生であり、高校卒業まで日本の教育が輝いていた民主主義教育をすっぽりと受けて育った。男女平等も権利意識も教育の理念では当たり前にもかかわらず、親も社会も女らしさを要求し、家族のための献身や犠牲を当然視していた時代である。

意気地がなくて親に反逆できぬまま、当時の日本の「女の花道」を歩んだ。即ち御し易い典型的な女の条件として、高卒、(東京ならば)日本橋か丸の内のＯＬ、23歳くらいで結婚退社、子どもはふたり——「期待される女性像」をあゆまされた多くの女たちは、やがて企業戦士の妻として高度経済成長を支えることになる。

こんな人生を生きるために生まれて来たのか。幸せには違いないがどこかバカバカしいし、つまらない。夫婦の倦怠期ではくくれない疑問が生じた30代半ば（１９７０年代）、アメリカから女性解放運動が入って来た。

「女に生まれるのではない。女になるのだ」

ボーボワールやベティ・フリーダンをはじめフェミニズムの理論的リーダーらの本をむさぼるように読んだ。アメリカの主婦たちから起こったそれは日本の、いや世界の主婦的状況と普遍的であり、私個人のワガママでないことを確信した。

「女の自立」が私の命題になったとき、結婚して４人の親になったくびきが顕わになり出した。が、ふたりのわが子を思うと家出も離婚もできなかった。固定化された女の役割に呻きつつ、奈良・斑鳩で倒れた姑の介護に東京を離れると、間もなく東京のふたつの出版社が前後して本を出すよう勧めてくれた。70年から80年代にかけてミニコミ紙や雑誌がたくさん出て、私はいくつかのそれに連載していたのがプロの目に止まったらしい。

斑鳩の主婦だった7年間に拙著を2冊出した私は、もしかするともの書きで食えるようになるかもしれないと、強引に離婚して帰京した。下の娘が東京で就職が決まり、息子もその3年前に練馬区で共同保育の保父になっていた。家庭崩壊ではなく、各自の新しい出発だった。

後に『老親を棄てられますか』(主婦の友社、講談社)に書いた、離婚で「棄てた」はずの舅も、実母も、カモもネギも背負ってやって来てくれた。常に人々がさんざめき、祭りのような華やいだ日々だった。いま振り返ると、走馬灯のように私の幸せのフィナーレが見える。当時はフィナーレだと気づかぬままに。

舅と母が入れ替わり、娘がバークレーに留学して結婚、共働き息子夫婦も次第に疎遠になる。私が足の小骨を折ってわが家は老々介護になり、母が北海道の末息子に引き取られて行くと、パタリと誰も来なくなった。

私は孤独を振り払うように、バークレーの孫を抱きしめるべく太平洋を往復するようになる。2カ月ずつ行き来しては、人の温もりのないハコに帰ってくる空虚さ。あんなに希求した独立した仕事部屋、美しいリビングやキッチン、本棚に囲まれたベッドルーム、富士山の見える広いバルコニー、これらは老母や子どもたちがいて輝く家族のいる光景だと気づいたとき、私の自立心のなさはさておいて、家族とは何だろうと不思議な想いに捕らわれる。

私は「老いて、住む」必要条件として、家賃の要らない独りで住める誇りある空間を準備した。それが21世紀の屹立した個として、老いを生き抜く優先順位のトップだと考えたからだ。幸運にもそれを実現できた私。

そして、誰もいなくなった。

孤独が押し寄せる……。

なぜ少子高齢化が止まらないのか

飛行機の中で同年輩の女性と隣り合わせたり、近くのシートから席を移ってくる人もいる。決まって女性のひとり旅で、異文化に触れるのを嫌がる夫は日本で留守番。彼女らはアメリカに住む娘かヨメの出産の手伝いか、先に生まれた孫たちの子守りで渡米した。

「ほんとに国際結婚なんてさせるんじゃなかったわ。親のほうが分の悪いことばかりですよ」

「勝手に飛んで行ったんだから自分たちでやりなさい、と突き放したいけど、外国でお産する娘が心配だし、日本の食事を作ってあげたいしで、どうしようもない親心ですよね」

「夫婦ふたりきりの寂しい老後に、私たちの遺伝子を継いだ孫が生まれたとなれば無視できないし。誕生の喜びや華やぎのおすそ分けにあずかって、人間らしい感情を取り戻したいと思って。夫だけだと会話もないし、笑うということがないんですよ」

「孫は見ているだけで笑みがこぼれますものね。本当にギフティッド・チャイルドですよ。子育てや老親介護で振り回された女の一生に、神サマがくれた贈りものみたいな孫ですね」

「ほんと。あの貰い愛らしさは人間の子ではなくて、神サマの領域ですよ」

「そう、そう、あの生命は人類じゃない（笑）」

人間らしい感情を取り戻したい、という言葉に胸が痛む。老夫婦の静かな暮らしが非人間的な日々だと彼女も言うのではない。

シングルの生活を貫いてきた人は家の中の独りが当たり前だろうが、私をはじめ常に家族がいた賑やかな環境で暮らしてきた者は、老いてから独りになるとその喪失感に耐えられない。高齢者の4人に1人がうつ症だというのも家族問題の原因が多いかも。

いまどき子どもが海外で暮らそうが、国内で別々に世帯を構えようが、当たり前すぎて文句のつけようがない。核家族が一般的になれば子どもは巣立ち、親は老いて残される。バブル経済のおこぼれにあずかって庶民代表のようなわが家でさえ、娘の海外留学を後押しするハメになった。

そのため前述した「昭和2桁のはしり前後が老親介護を当然視される最後の世代であり、自分が要介護になったとき子どもたちが当てにならない最初の世代」は、未曽有の超高齢化時代を迎えて右往左往している。

医療や暮らしの進歩で人がなかなか死ねなくなり、それは長い人類の歴史が渇望した「長寿」の一面があるにせよ、政治・行政が手を打たなかった社会のひずみを、妻、嫁、娘の女たちが主に担う長期の介護地獄をもたらした。

老親や夫の介護とは、女が子育てしながらパートなどで家計を支えながら、強制的に課せられた「人の道」というヤラセの虚構である。それに気づいた女たちの、タダ働きの家族介護などくそくらえという大前提が、ジワジワと広がった20世紀末。

介護保険という第3の税金が頭をもたげた時期でもある。女たちの家族介護に対する疑念を見事に救い上げ、「介護の社会化をするからカネを出せ」とすり替えていった。

前述の日本経済新聞の拙文掲載に、介護保険前夜についてこう記している。

「国・自治体が家族介護をどんなにもくろんでも、その旗振りに有名識者が東奔西走し、『地域ぐるみの老人介護』を提唱しても、『親孝行』への地殻変動はとっくに始まっているのである。女をナメると国が滅ぶぞ、と私は主張してきたが、女をはじめ家族介護に携わっている人々の意識は意外なほどサメている。

大丈夫か、介護保険。いい加減なカネの取りかたをしたら暴動が起こるぞ」

暴動は起こらなかった。なぜか？

厚労省の自画自賛、有名識者らによる介護保険プロパガンダが言うように、利用した人は皆喜んでいる、助かりますと感謝している、介護保険がはたした役割は大きい、そうだ。

喜んだり、感謝する人は何を基準にしているのかを考えれば、たとえば寝たきりの舅や父親を背負って風呂に入れていたヨメは、週1～2回でも入浴を手伝うヘルパーが来てくれれば、まさに地獄に仏の感だろう。

そのために介護保険料を取って何が悪いと言うだろうが、週に1、2時間ヘルパーが来ることを「介護の社会化」なんて言っていいのか。厚かましい。残りの、週にして166時間を要介護者にどう過ごせというのだろうか。相も変わらず家族介護が大前提であることが透けて見える。

これでは40歳以上保険料を取られることが騙し討ちに遭ったみたいだ。介護地獄を放っておけ、と私は言うのではない。文字通りヨーロッパ先進国並みの介護の社会化をやってほしいのだ。大企業や金持ちの税の優遇措置をなくし、直接税できちんとした超高齢化社会に対する仕組みを作るべきだろう。

介護保険実施の半年前、旗振り第一人者の有名識者と雑誌の対談をした私。るる疑問を主張する私に、彼はこう言って逃げた。

「そういうご意見をどんどん出して、皆で介護保険をいいものにしていけばいいんですよ。ぜひやってください」

私はドッチラケ。日本の民主主義が底辺の民の声を吸い上げるパイプを用意したことがあるだろうか。いつだって上意下達で「黙って従え」のタテ社会。民主主義だの福祉国家だのとシラジラしいったらない。

主に介護を担わされた中高老年の女たちは、怒っていても暴動は起こせなかった。異議申し立てできず諦めることに慣れていたし、何よりも行動を起こせる時間がない。介護も子育ても命に関わる抜きさしならない問題ゆえに、その余裕のない状況を逆手に取られた感がする。

多くの女たちと少数の男たちの諦めと苛立ちの歳月を、手伝わされたりじっと見ていたのは子どもたちである。それも学童のころから成人に至るまで長きにわたり、出口のない介護風景を目撃してきた（私が結婚して4人の親の介護に費やした時間は、通算25年間！）。

老親介護での夫婦喧嘩から、介護に疲れはてた母親のわが子にアタるすさまじさまで、子どもたちは見て育った。順ぐりだからと、介護に娘を肩がわりさせようとする母娘喧嘩もどこにでもあるだろう。

私の父が末期ガンで入院していたころ、子育てや雑事に追われて母の思うように介護を交代しない私は、怒髪天を突く母のヒステリーを浴びた。他に4人も子どもがいるのにどうして長女の私だけ？　などと口答えしたら殺されていた（私の専業主婦当時）。

また、海外留学した娘を父親の介護に呼び戻そうと、連日国際電話で泣き叫んだという知人の報告も生々しい。

「お父さんがどんどん悪くなって私はもう限界なのよ。休学でも何でもいいから戻ってきなさい。お父さんも会いたがってるし」

「アメリカの宿題の多さは半ぱじゃないの。いま帰ったらいままでの努力が全部無駄になっちゃう。お母さん、頑張ってよ」

「どうして言うこと聞けないの。誰のおかげで大きくなったのよ。お母さんを殺す気？」

家族介護を前提にしている限り、いまもどこかで同じ葛藤が起こっている。さらに私の父も右の父も、ヘルパーなど他人の世話になるのは絶対いや、妻が介護するのが当たり前という頑固さもある。妻でなければダメという愛着よりも、妻はタダで働く介護奴隷だから男としてイバッテいられるためか。

いまもどこかで、他人がサービスに家の中に入ってくるのは許せないという頑固オヤジが、妻やヨメを困らせている。講演先などで相談されたとき、「私なら逃げちゃうけどね」と言ってみるが、彼女らは絶対できない。自分のからだや心がどんなにつらくとも、世間体という囲いでがんじがらめの現代残酷物語。

そうであっても介護者は嵐の季節を何とかやりすごせばいいし、やりすごすしかないだろう。だが言外に、子どもたちに伝えていたメッセージがあった。

結婚なんかたいしていいものではない。

子どもを産み育てても当てにならない。

母親が腹の中の本音を言動で示すのを見て育った子どもたちが、自分の近未来図に家庭や家族に対する幸せ像を描けないとしたら何という不幸だろう。社会のひずみの大変な部分を女に押しつけ、自己責任に任せてきたツケが、まさか次世代の子どもらの結婚・出産懐疑となり、少子化現象が延々と続くとは——子どもたちの反乱がこんな形で大規模に現れるとは意外だった。

問題はもちろんそれだけではない。

日本の教育の意図するところは、できる子とできない子、有用な子とそうでない子の選別に血道をあげ、親はその振り分けを前に何とか生き残ろうと必死でわが子にカネをかけ、ムチをふるってきた。

世界一高い教育費をかけ、朝から晩まで（ある中学生はセブンイレブンだと自嘲した）勉強漬けにさせておいた多くの親たち。その結果、報われることの少ない作業だと悟った親、悟らずとも豚児の反逆で頓挫した親たち。そのうえ、大量の学校嫌い・不登校児を作った。

それでも何とか大学を卒業しても長引く不況で就職できない、できても派遣社員かパート、またはアルバイトでその日暮らし、給料が少なくて結婚もできない、無気力になって親にパラサイト等々、若者たちにとって希望のない暗い社会になって久しい。

少子化は必然だった。それでも入試・偏差値・内申書と子どもいじめの装置はやめないのが不思議でならない。

Part ❷

カモられ未満カラカわれ損

すべてはパソコンから始まった

「パソコンなんて簡単ですよ。お宅へ行って個人教授をしましょうか」

小柄ながらよく動く瞳がいきいきとしていた。老体をシャンとさせるだけでも必死な婆あの目には、才色兼備の42歳は一挙一動がはずんで見える。

東京中央線沿線のT市。そこの公民館活動はとりわけ子育て支援に熱心で、毎年のように私を講演に呼んでくれるいわば私のお得意先だった。始めのころは女性問題で、最近は発達障がい問題で、若い母親たちと交流できる私にはリフレッシュできる貴重なひとときである。

その親の会で幾度か会って仲よくなった母親のひとりBさんが、私のメカオンチの嘆きを聞いて冒頭の発言となった。

七十路に入るとどこかからだが悪いというわけではないが、どうにも無気力になってボケーッとすることが多くなった私。ボケーッとしていると言うのは米・バークレー在住の娘で、夏冬の各2カ月を孫たちに会いに行く私を見て、このところの無気力ぶりが気になってしょうがないらしい。

私にすればひところから思えば執筆も講演の仕事も少なくなったが、老体と相談すればまずまずの老いの坂。仕事を頭の隅に置きながら、この世とあの世の境界線も定かでないような時空を漂うのはそう悪いことではないが、娘は認知症が始まったかと気が気でない。

「もっといきいきと生きなさいよ。孫に食事を作ってあげたり、お隣のおばあさんのように毎日1時間歩いてスーパーに買い物に行ったりしなければダメでしょう」

お隣の白人のおばあさんは間もなく100歳。とても真似のできる存在ではないし、そんなに長く生きたいとは思わない無精者の私はボケーッでいいんじゃない、と居直ることも。

孫に食事を作るのも簡単ではない。オーティスティックな孫たちは舌がセンシティブでこだわりが強く、目玉焼きは黄身が真ん中に落ち着かないと不満だし、ホットケーキなどを焼いてフライパンの上で宙返りさせて崩れると、ふたりで「アーッ」と絶叫するザマ。とてもやってらんねー。

要するにふたりとも私を追い越してデッカクなり、おばあちゃんの出番が少なくなったのも無気力になった一因だと思う。いまさらいきいきと生きろなんて言われても、周囲の状況が歳月と共に変化したのだから、私が老いて劣化する変化も当然ではないの？

娘は、勝手にしなさい、とは言わない。単に母親の老化を見るのが哀しいのか、認知症になったら厄介だと思うのか、両方かもしれないが。

「新しいことに挑戦するといいんじゃない？　私が毎日やっていてもちっとも興味を示さな

いけど、ママもパソコンやってみなさいよ」

私が許容する機械とはテレビやエアコンのようにリモコンのスイッチを押せば動くもののことだから、コンピューターや車のように操作しなければ動かないものは、私のメカの範疇に入らない得体の知れない存在になる。ましてや兵器や原発にいたっては、その道のプロフェッショナルが後始末できない機械らしいから、これはもう悪魔の領域であって人間が手にするシロモノではないでしょう。

このトシまで無事に過ごしてこられたのも、怪しいものには手を出さないという鉄則あってこそ。だが、孫たちまで何時間ものめり込む魔力装置が世界中を覆ってしまった。老若男女が興じるメカ踊りを横目で眺めて踏みとどまっていると、いくら得体が知れなくとも世の中においていかれたような寂寥感に襲われる。ときどき娑婆気がむっくり頭をもたげるのがシャクでたまらないが。

さて、娘に強引にパソコンの前に座らされ、メールという電子手紙を練習することになった。手紙の相手をしてくれるのは東京・荒川区の妹と、彼女の香港在住の娘。妹は会計事務所の現役で姪はミュージシャンだから、どちらも多忙の身が〝年寄りの手慰み〟の相手は迷惑以外の何ものでもあるまい。

ま、でもそのおかげで小学生の手紙のような電子文字を打てるようになったが、もちろん肉筆で書く手紙のほうが速いし、心がこもっている。では、心をこめた手紙を日本から娘に出しているかとなれば、それよりも電話のほうが速い。そうだ、電話でいいじゃない。電話なら声で状態もわかるし、バカ笑いも共有できるし……。

「まるっきり頑固な年寄りじゃないの。そういうのを保守と言うんでしょう。新しいことに挑戦する勇気を持って、もっと前向きでさわやかな年寄りになりなさいよ」

娘があきれついでに断を下した。

「東京へ帰ったら自分のパソコンを買って練習してよね。孫にも相手にされなくなったら哀しいでしょう」

パソコン関連力モ・リ・ネットワーク

無気力婆あは私の内ヅラなのだが、数年前から娘にこきおろされるようになった。ちょうどビジネスマンのオヤジのように、ソトではそれなりに仕事ができて承認されているのに、ウチでは粗大ゴミ扱いといったあのパターンか。

親に向かって何という言いぐさかと怒ったこともあるけれど、無気力を打ち消す気力もないから話にならない。老いては子に従えの歳になったままでだと、帰国してすぐに池袋のヤマダ電機にパソコンを買いに行った。

まったく未知の物を買う不安が大きいため、妹について来てもらった。キャリアウーマンの彼女はこともなげに会得している機械だから、買ってお手上げになったら彼女に泣きつけばいいと、買う前から依存している。メカオンチというより、土台の生きる姿勢からなってない、と娘が怒る。年寄りになった私の開き直りを許さないのだ。

この本の主題はプロローグに書いたように年寄りばかりの社会になり、企業、法人など各方面から高齢者が狙われているというものだが、私が〝ヤラレタ〟と意識した最初はパソコン関連カモリネットワークである。

即ち「東芝のノートパソコン」の製造元、ヤマダ電機の販売店、同店のパソコン教室、パソコン設置のためのＮＴＴの工事など、そして個人教授のＢさんなどなどに、従来は不要だったオカネ、私にしては大金がズルズルと芋づる式に消えていった。

本当に必要な代金ならやむを得ないが、パソコンと携帯電話に付いてきたぶ厚い説明書数冊、パソコン教室の入会金や月謝と共に買わされたテキスト数冊など、前者は読んでも理解できないし、後者は最初の1冊だけのごく1部を使用しただけ。

そのうえパソコン操作には絶対必要だと付属品をゾロゾロ押しつけられ、どうして？　と無知に疑惑をかぶせた目を向ければ、店員がコンピューター語で説明するからチンプンカンプン。興味を抱く前に頭痛がしてくる。

ウイルス防止のソフトだって1枚で2年間OKというのに、3枚入っている。

「じゃあ、2年先、4年先に使えるんですか」

「さあ、それは……合わなくなるかも知れませんので……」

「つまり、使わない物を売りつけるんですね」

「メーカーの作った商品が送られてくるので、私どもはどうにもできないんです」

「どこに文句を言えばいいんですか。東芝のパソコンだから東芝に言えばいいのね」

商品に苦情窓口の電話番号もなく、東芝関係に電話をすればどこも音声案内ばかり。この直後にウインドウズ8が発売された。つまりウインドウズ7の在庫整理の感がする。

一事が万事この調子だから高い買い物をして怖くなった私は、同じ店内のパソコン教室ならば教えてもらえると思い、週2回通い出した。午後の教室はいつも数人の受講生が、テキストの順序に沿って無言のメカ操作をしているだけ。相当に無気味だ。

教室の入り口で月謝などを受け取る中年女性が講師らしいから、いつまでも私のニーズに辿りつかず、外側ばかりで遊ばせているテキストに業を煮やした私は、タテ書きの様式と送ってきた写真の扱いを教えてほしいと頼んだ。

すると講師は無表情で口を開けずにしゃべる。すごい特技だ。

「ここにあるパソコンがお客さまがお買いになったのと機種が違うので、ここでやっても応用できないと思います」

「何のためにパソコンを買ったお店の教室に入ったと思うんですか。私に売った機種の操作を教えるのが当然でしょう。古い機械ばかりだから現在の商品に応用できないなんて、月謝を取って言うことではない。プロでしょ」

「ですからテキストに沿ってまず扱いに慣れることが先なんです。この通りにやっているうちにできるようになりますよ」

習うより慣れろと、彼女は上手にはぐらかしたつもり。これがヤマダ電機の販売マニュアルだとしたら、狡猾すぎる。

私がハマっている韓流ドラマの最近の傑作は『清潭洞（チョンダムドン）アリス』。デパートの会長が小売店を懐柔するのを見た息子が「人をだますのがうまい」とあきれる。父親である会長曰く、「見習え。だまされても黙るように仕向けることが大事だ」と。

騙されても怒れない。怒りたくとも証拠がない。相手が個人ではなく企業や法人などの集団となれば、理不尽だと思っても黙るしかない。残るのは自己嫌悪、ダメージだけ。このカモられ方程式に私はこの後、福祉法人にしてやられることになる。

近所の印刷屋の店主にパソコン教室の酷さをこぼしたら、彼が笑って言ったものだ。

「昨日来たおじいさんが同じことを言って怒っていましたよ。弱肉強食の被害はうちもです」

振り込め詐欺をはじめ年寄りの被害が増えるばかりという昨今、騙されても黙るしかない高齢者の数は計り知れないだろうと思う。

ネット販売すれば本も売れますよ

まあでも、練馬・大泉学園駅マンションの拙宅にもパソコンがついた。バークレーで娘に手取り足取りされているときは、メールくらいできそうな気になっていたが、ひとりで向きあうとそうは問屋がおろさない。

折角打った文字が上方に繰り上がるどころか、下方に沈んでアララーッと見えなくなる。ポケットとやらに手を突っこんでつかみ出したくなるが、探しているうちに文字を書くスペースがどんどん押しつぶされて狭くなる。そして、パッと消えてしまう。

肩と目をコチンコチンにして頑張った労力は何だったんだと唖然呆然。しかしこれが現代社会について行く試練なのだと気を取り直し、また最初から不可思議な機械ジャングルに割り込んでいこうとするケナゲな私。

相手がメカでなく男だったら、とっくにキンタマ蹴っとばして心の平和を取り戻しているところだ。ようやく娘に1日1回のノルマ通信を送ると、返ってきたのは電報のようなメール。こんなことのために悪戦苦闘していたのかと情けなくなったところへ、メルアドの連絡をした友人たちからメールが届いた。

「おめでとう。メカ嫌いのあなたとメールでやり取りできるなんて感無量よ」

私はすぐさま皆サンに返信。

「待ってて。いまから郵便の手紙を書くから」

そんな混乱のさ中にBさんからの助っ人申し出だから、両手広げて大歓迎といきたいところだが、彼女の事情を聞くとお願いしますとは言い難かった。


Bさんは、夫が海外出張が多く、ひとり息子は発達障がい、自身はコンピューター関連会社のパートタイマー、同居か否か不明だが両親がいて父親は病気だという。とてもT市から練馬くんだりまで来てもらえる状況にないと辞退したが、練馬には住んでいたこともあって地理に詳しいこと、日常と違ったことをしてみたいこと、何より門野の大ファンでお近づきになりたいとヨイショが上手な〝花の中年〟。

高速に乗れば1時間だし、2、3度訪問指導すればあとは電話などのやり取りで十分です、とパソコン顧問になってくれたBさんだった。

前夜からご馳走を作って先生を迎えた。いまやもの書きはパソコンでなければ書けない時代になりつつあること、本の売買もネットでやるのが当たり前の時代だとBさんは力説する。活字不況のうえに私の最近のテーマはマイナーな「発達障がい」。最近のヒット作の例外はあるだろうが、拙著はあまり売れなくて出版社に申しわけなく、身を縮めて過ごしていた。

「いまは本もネットで買う時代だから、ネット販売すればいくらでも売れますよ」

このセリフに私のハートは射抜かれた。

Bさんは単にパソコンの指導だけでなく、意外にも事業計画を持って来宅したのだった。以下は彼女の名セリフの数々である。才気がはじけるようなキャリアウーマンぶりと、その勢いに呑み込まれてしまった呆けた老婆のコントラストが、他人事のように滑稽でたまらない。

「パソコンなんかすぐできるようになりますよ。私がまずホームページを作りますから、門野さんはブログを書くだけでいいです」

（ホームページって何なの？　ブログって何よ。どう違うの？　とは訊けない私）

――ブログは1回何文字におさまればいいんですか？

「テキトーでいいですよ。長いのは皆読みたがらないから、短いのをいくつも書いてください。ホームページ用に門野さんのプロフィール、出版した本のタイトル、顔写真などを送ってください」

――ホームページの何たるかもわからないのに、低学歴、高年齢に顔までさらして、悪いヤツラに悪用されないかしらん。

「ネットの恐ろしさが言われてますけど、私は何が問題なのかさっぱりわかりません。本当にそんなことがあるならお目にかかりたい。皆さん被害妄想で騒ぎすぎですよ」

（顔写真どれにしよう。顔写真、顔写真……）

「個人名だと手続きなどに手間がかかるので会社を作りましょう。『オフィス・カドノ』はどうですか。社長は門野さん、専務は私、ふたりだけの会社です。お金はかかりません。手続き上だけですから」

――会社なんてそんなに簡単に作れるわけがないでしょう。まずは資本金が要らないの？

「大丈夫です。私に任せてください」

――もしうまくいかなかった場合、息子や娘に被害が波及するかもしれないので、一度相談したいわ。でもね、ブログやホームページをやるのに会社まで必要なんですか？

「手続きを簡素化するためだけですから」

——私、それまでして無料の原稿を書きたいとは思わないんだけど。

「目的は本を売るためではなかったんですか？」

（ム……）


「門野さんのブログを読んで思わず泣いてしまいました」

（？　笑わせるためのバカ話なのに？）

「さすがですね。夫も素人の文章とは違うと感心しています」

（バカ話に素人も玄人もないでしょう。誰かと間違えているんじゃないの？）

「ブログの読者がどんどん増えていますよ。数は○○を見てください。ひと月で100人超えたなんてすごいことですよ」

（へー、そういうものかー。たとえばライター志望の主婦がブログを書いて、ひと月で100人超える読者ができたら、それはすごいことだろう。それを励みにどんどん書いていけばいい。私も35年間、読者の反響を励みにどんどん書いてきたのだ。新たに100人読者が増えて印税でも増えたなら、もちろん私もうれしい。別に気取ったりイバったりしてるのではない。プロとアマの違いはそれでカネになるのかどうかだ。Bさんはそのため「オフィス・カドノ」を作ろうとしているんだろう。タダ働きをする顔ではない。とりあえず舟に乗っ

たのだから彼女を信じてみよう）

「ネットの本の売買は私が全部やりますから、出版社に直接注文してもいいですか。倉庫は私が借りますので、倉庫代が少しかかりますがよろしいですか。宣伝のためにチラシを作りますので、チラシの文面を至急書いてください。顔写真もお願いします」

（何で？　どこに？　私の講演会のチラシをまいて宣伝しなければならないの？　宣伝のための媒体がネットなんでしょう？　最高に威力のある宣伝マシーンではなかったの？　とは言えない。彼女の気分を害してはまずいからだ）

「チラシの原稿ありがとうございました。何とかそれらしく体裁を整えて作成し、郵送しますね。ホームページは月々７万円かかりそうですが、もう少し安くできないか検討しています」

（あれっ？　オカネかからないと言わなかった？　倉庫代をはじめ私から事業の代金を引き出すなら、何がどのくらい要るのか見積もりをだしてください。その見通しに立ってあなたと契約書を交わしましょう、と言わなくちゃあ）

「こんなすばらしい出会いがあるなんて、夢のようです」

（契約をしようと言ったのにBさんは言を左右にし、いま思えばだが、私の質疑が核心に迫ると右のように歯の浮くようなことを言う。私はこのテのヨイショにいい気分になったのではなく、少し前までこういう褒め言葉に囲まれることが多かったので、ああまたか、と聞き流してしまっていた。なぜすばらしい出会いと思うのか、何が夢のようなのか、そう言うほどあなたの暮らしに大変な問題があるのか、または何の問題も希望もない日常なのかと関心を示すべきだった、と後悔することしきりだ）

「もの書きなんか引退しなさい」

このあたりから娘が電話とメールでヤイヤイ言ってくるようになった。

「ママ、バカじゃない？　最初から怪しいって誰だってわかるわよ。ホームページなんか無料でできるのに、７万円かかると言うのからおかしいと思わない？　だいたいBさんて何をやってる人なのよ」

「コンピューターの仕事をしている人。あとは知らない」

私は出会った人が何ができる人かは重視するが、学歴・学校名は聞かないようにしている。よけいな偏見を持たずに接したいからだ。

娘の言に耳をかさない私を案じ、娘は会計事務所現役の私の妹と私の息子にＳＯＳを発したらしい。

間もなく、しっかり者だが大人しい妹が激しく憤って電話をかけてきた。

「もう半ボケでよし悪しの判断ができなくなっているんだから、もの書きなんか引退しなさい！」

これは正論だった。もの書きというなりわいとプライドが私の諸悪の根源なのだから。

息子は東京郊外から拙宅にやって来て、ちょうど来ていたＢさんと挨拶をしたが、何も言わずに自分の持ち物をダンボールに入れて車に積んだ。マンションを売るから置いてある荷物を取りに来て、と私が言ったためだ。

エレベーターまで送って出た私に息子が言う。

「オフクロが働いて買ったマンションのお金だからどう使おうがオレは何も言わない。言わないけど年寄りは狙われ易いから注意してよ」

「でも彼女が悪いことをする人に見える？」

「注意しろって言ってるんだ」

ムッとした顔で車に乗った子ははや50代。

娘はＢさんとどういう契約を交わしたのかと聞くが、コンピューター語が多くて何のことやら私にはわからない。Bさんの了解を得て娘と直接メールで話してもらうことにしたところ、間もなくBさんから私に怒りのメールが来る。

「娘さんたちが『月7万円もホームページ代がかかる。おかしい！』と批判されていたホームページの件ですが、サーバーが無料契約できたので報告します。意味がわからないと思いますが、要は無料。あとは私が作成、メンテナンスをするだけですので無償作成です。だって親の会の皆さんの前で約束したじゃないですか。約束通りホームページ作成の人件費の件は一切なしです。最初からそのつもりです。

私はプロのプライドを持って門野さんのお手伝いをしています。私の経歴を簡単に紹介します。

K大学理工学部管理工学科　同大学院修士課程修了　学位は修士です。教授推薦によるIBMに〝システムエンジニア兼システム営業〟として就職。出産にて退職。現在は契約社員としてG社のWEBデザイナーとして勤務。本物のクリエーターです。どうだ、まいったか！もんくがあったらかかってこーい！」

何と幼い、タダのガキだとガックリしたが、ネット社会の一端にもぐり込める魅力にはあらがえなかった。私としては全くの未知の世界である。身内とのギクシャクはいつでも取り戻せると思い、Bさんの側に立った。

妹も息子も私のバカさ加減に本当に怒ってしまい、後日妹に電話で謝ろうとしたが剣もほろろ。引っ越しの準備もひとりでやらなければならなかった。

Part ❸

住みたい街
人気スポット「浦安」

浦安市の住民になる

私の古い友人ふたりが前述の杉並区と千葉・船橋のケアハウスに入居し、その快適さを話してくれた。杉並のほうは疎開した福島県の小学校の同級生で、ケアハウスから職場に通っているとのこと。

私は練馬区のケアハウスに申し込むのかと思い、いや、待てよ、と思う。老婆ひとり自由気ままな身、どこの自治体の施設に入ってもいいのだ。どうせ動くなら楽しいところ、面白いところへ行って、施設の日常からも逃避できればと考えた。

その年の賀状に何げなく、京都で特養老人ホームの施設長をやっている男友だちYに、安全な終の住処を探している、と余白に書いた。私の斑鳩時代の友人で、いまや4つの特養の施設長だという彼だが、健康な私は泣きつくわけにはいかない。

賀状に初めてメールアドレスを入れたところ、バークレーから帰国した私のそれに彼からメールが入っていた。

「よかったら千葉・浦安市で特養をやっている理事長を紹介しますよ。僕の仕事仲間で、信頼のおけるすばらしい女性です」

ウッソー、と飛び上がりそう。私は浦安のウの字もディズニーランドのデの字も彼に言ってない。老後はディズニーランドの年間パスポートを買ってスニーカーで歩き回りたいとは思ったが、友人も知人もいない新天地には取っかかりがなく無謀に思えていた。

彼とはまさかディズニー作品について話をした覚えもなく、斑鳩にいたころは私の末弟と同年の彼と、末弟と同じモト学生運動の雰囲気が同じため、「天下国家」の話ばかりしていたような気がする（認知症前夜の怪しい記憶だが）。

確かなことは彼の好意と偶然性が私の重い腰を上げさせるきっかけになったことだ。社会福祉法人Z会の本拠地は青森市にあり、そこの施設の研修の場として浦安市に「U荘」（特養老人ホーム）ができて間もないころで、青森の職員たちが行き来していた。

超多忙な理事長と副施設長（最初にもらった名刺の肩書きは主任支援員）が、行き場のなくなりそうな老婆の相談に応じてくれ、浦安市のケアハウスに入居できるまでのとりあえずのアパートを男性職員が案内してくれるなど、恐縮して身の置き場がないほどの親切さ。

だが、浦安のアパートで独居老人をするなら、練馬のマンションにいるのと同じことだ。浦安市立のケアハウスは50人規模のそれひとつしかなく、毎年優先順位を決める抽選を行っていると市役所が言う。そのうえケアハウス入所までに引っ越しを2回、要介護で特養に入るまで3回しなければならないのも気が重かった。

「U荘」で私が逡巡していると、理事長が言った。

「よかったら隣に入ってもいいですよ」

隣とは特養に隣接していて、青森からの研修で職員が宿泊する古い木造2階建。他にも男性職員らのアパートなどがあるようだ。当時は準備室と呼んでいたくらいできたばかりで何も決まってないところへ、得体の知れない老婆が転がり込むことになった。

理事長曰く、

「何か聞かれたら準職員ですと言って特養で手伝うふりをしてもいいし、手伝わなくてもいいですよ」

副施設長曰く、

「ここの特養自体が採算を度外視しての試行錯誤中なので、まだ完成してないんです」

京都の友人Yの紹介のため、融通をきかしてくれた好意だったろう。私も浦安のケアハウスに入るには浦安市民にならないと申し込めないため、とりあえずの足場として彼女らの好意に甘えさせてもらうことにした。

さあ、マンションを売って引っ越しだ。さあ、腰を上げよう。掛け声ばかりで、十余年にわたる膨大な荷物を整理するのに体力・気力がおっつかない。母の介護中に悩んだ腰痛が久々にぶり返したせいもある。

パソコン指導で来宅したBさんに、浦安へ行ってもさしつかえないか、と聞いた。

「えっ、浦安ですか。実は私の母がディズニーランドのミニーマウスの中に入って踊っていたダンサーのひとりだったんです。いまは引退しましたけど、オーディション受けてちゃんと入ったんですよ。だからあのへんにも詳しいので、門野さんに会いに行くのは何でもありません」

ディズニーランドで踊っていたプロのダンサーとは！　私の老いの夢は予想以上に華やいだものになるかも、とワクワクしてきた。

施設ではラジオ体操などはどこもやっているだろうから、美しい音楽で踊る「おばあさんのバレエ教室」をやれたらと夢見る。やさしい基本ステップで幾通りかのバージョンを作り、毎日からだを動かせば腰痛も治るはず。

「お母さんをぜひ紹介して！」

浦安へ移住することがますます必然性を帯びてきた。

Bさんがさらにかき立てる。

「浦安市の親の会全部に門野さんの本を宣伝して講演できるようにします。私は門野さんのマネージャーですね」

さらに曰く、

「母に門野さんのことを話しましたら、早くお会いしたいと言っています。門野さんて人に夢を与えるプロですね。お会いできて本当によかった！」

仕事がら他人のヨイショには慣れているはずが、親の会に対する信頼感も前提にあって、老婆の孤独色がいつの間にか幸せ色に染め上げられていた。

消えたパソコンの先生

マンションは1週間で売れてしまった。郵便受けのマンション売買専門とやらのチラシを見て、とりあえず査定に来てもらうと、管理会社が言った時価よりも引越代くらい高い。部屋をみにきた中年夫婦がNYとLAに住んでいたと言うので、オプションでしつらえた家具は全部プレゼントしてそっくり買い取ってもらうことにした。

もうぐずぐずしてはいられない。地元の友人ふたりが最後の荷づくりを手伝いに通ってくれたため、食器や衣類を身の回りだけにし、あとはふたりに引き取ってもらう。身を剝がれるような思い出の品々もあったが、特養準備室の8畳ひと部屋に移らなければならない。ひと部屋暮らしはケアハウスや特養に入るためのトレーニングだと思うことにした。

マンション代金が振り込まれる知らせが来た。私にとっては人生最後の大金である。大金を動かすと怖いので、私の口座がある銀行の外回りの女性に来てもらってマネープランの話を聞いた。超高齢化時代、同じような相談が多いだろうと興味しんしんで。

銀行がタイアップした生命保険会社が金を預かり、資金を運用して利息を稼ぐ。預けた金額と最初の預け期間によって利息金は異なるが、生保が利息に元金の一部を加えて毎月十数万円ずつ生活費を返還してくれる、いわば年金がわりの預金は認知症になったら都合がいい。

銀行が倒産したらどうなるんだとか、利息が稼げなかったらどうするんだとか、いろいろとカラんでみたが、銀行員には想定内の質問だろう。結局は契約するしかなかった。

この契約の保証期間は25年間。元金がなくなるのはちょうど100歳。人生100年時代に100歳まで細々と生きていい保証とは、あまりの間のよさに大笑いしてしまう。

この生保の何よりのメリットはお金を入れたり出したりせずに、来宅した銀行員が書類だけに記入やサインをさせて契約が完了したこと。このことが実は高齢者に重要な意味をなしていた商品だった。

いよいよ代金が振り込まれ、引越日も決まった。その翌日はBさんが来る日で、またまた私は前夜からご馳走を作って待ったが、例の銀行員が領収書にサインと印だけ欲しい、時間は取らせないから同席させてと、ゴールデンウイーク前のせいか急いでいた。

あまり知らんふりでもと思いBさんと銀行員を簡単に紹介すると、銀行員はテーブルに書類を広げながらBさんにも生保の利点を語った。割り込みの言い訳ついでだったろうが。パソコンを開いていたBさんは領収書の数字まで見ようと思えば見れたし、その金額の行き着く先がわかってしまった（これはすべて推測だが）。

この後、Bさんは消えてしまったのだ。彼女の自宅の留守電やメールに連絡してほしいと残したが、無反応。公民館にも問い合わせたが、最近は来てないとのこと。「オフィス・カドノ」が無理なら作らなくていいから、私の写真や資料を返してほしいと幾度も懇願したが、梨のつぶてだ。

私はあわてて最近の拙著を出版してくれた2社に、どうもおかしいからBさんの注文に一切応じないようにと連絡した。

そのうちの1社、『ギフティッド・チャイルド』の十月舎代表は、ご自身にもオーティズムの息子さんがいらっしゃることもあって、本当に人柄のいい面倒見のよすぎるナイスガイである。

別件でお会いしたとき、真っ先にBさんの件を謝った私。

「いい加減な人を紹介してごめんなさい。被害はありませんでした？」

「Bさんの注文を聞いて出荷するばかりになっていたので、あぶないところでした」

「トシばかり食ってあんな甘言に振り回されて、私ってどうしようもないバカですね。ご迷惑をおかけしました」

「いいえ、僕こそすっかり騙されましたよ。いろいろと事業計画の話をするんですが、とても具体的で前向きで出版の仕事をしてきたとしか思えない人です。僕も聞かれるままに意見を言いましたら、スーパーアドバイザーだ、ぜひ『オフィス・カドノ』の顧問になってください、なんて人をノセるのが上手なんですね。門野さんから連絡がなかったら実害を被るところでしたよ」

どうしてこんなことをするんだろう。愉快犯にしては悪質すぎる。だとしたら、やっぱりオカネだったのか⁉ つまりは広義のオレオレ詐欺未遂事件だったのかもしれない。だが、顔も住所もさらして詐欺を働こうとするだろうか。私は知りあいの元警察官に聞いてみた。

「最近、お年寄りを狙った〝振り込め詐欺〟がものすごく増えているんですよ。以前と違って顔をさらしてダイレクトにやって来ます。仲間を銀行員に仕立てて寸劇まがいをしたり、手がこんできましたので、狙われたら逃げられないでしょうね。僕の知っているケースでも元議員とか元医師とかがやられていますよ」

私は未遂だったのでこちらのゲスのかんぐりということもある。もしそうなら「失礼な」と堂々と異議を唱え、オトシマエをキッチリつけるべきだろう。

いいや、そんなことを言ってはいけない。私が前代未聞のアホだからつけ入られたのだ。彼女が孤独な老人をかまってくれるのがうれしかったのは間違いない。年寄り相手の事件の神髄はこれだろう。寂しいから人を恋うるのだ。

私って本当にバカなんだ。知らぬ間に老いてしまったんだ。痩せ細ったプライドがヨレヨレになり、修復不可能な自己嫌悪に陥った。が、引っ越しをしなければならず、寝込んでなんかいられない。このみじめさから引っ越さなければ――。

メールを1年分消されてしまった

マンションを去る直前に近隣の友人たちを呼び、最後のポットラックパーティーを開いた。ここには実に多くの人々が訪れて、公私共に私を支えてくれたと胸が熱くなる。遠距離の人や病いを抱える人は呼べないので、近場の女友だちにしぼったつもりが、横浜や埼玉や東京郊外からも1、2時間かけて来てくださって恐縮するばかり。

親しい女友だちに囲まれている時間は昔日のプライドが復活し、姿勢をシャンとさせることができた。彼女らと私の大きな違いは経済的な生活基盤で、夫と家と年金があって老後の不安の少ない主婦や、キャリアウーマンの退職金と年金と不動産のリッチなシングルに大別される。後者でケアハウスに入った前述の友人は、私と同い年で会計事務所の現役だ。

ところが意外なほうへ話が転ぶ。経済的安定を得ている主婦たちが、私の軽さ自由さが羨ましいと言う。私の自由さは知っていたが、唯一の不動産を売ってしまえばどこにでも飛んで行けることがショックだと。夫と家という足枷で老いても自由がない重さは年と共にからだにこたえるそうだ。

前者も後者も大きい子どもと同居の人は私には羨ましいが、家があるから戻ってきた独身貴族や、家を出て行かないキャリア娘も足枷になっていると。こうなると隣の芝生は青い式で笑うしかないが、人生100年のサバイバルを考えるとただのグチではないことが痛いほどわかる。

2013年6月はじめ、女友だちに後ろ髪を引かれつつも千葉県浦安市に越して来た。「U荘」準備室の2階のひと部屋に入れてくれて、階段が少し急勾配だから手すりをつけてと前回お願いしたら、がっしりした手すりがついていた。月々3万2千円と家賃も安くしてくれて、先行き不安な身にはありがたい。

行き場のない年寄りを居候させてくれて何だか申しわけないと思うたび、ケアハウスが空くまでの一時避難だと自分に言い聞かす。自分のフィールドを失った不安感は予想以上に深刻だった。

加えて、引っ越しに追われて1カ月近く連絡できなかったBさんに新住所と携帯番号を連絡し、お母さんに会わせてほしいとメールや電話をしたが案の定反応なし。このまま逃げ切るつもりだと思うと、私の不安感が倍増した。

たまりかねて職場に電話すると、今日は彼女のオフの日だと言うので、必ず連絡をくれるように伝えてほしいと頼んだ数時間後、電話が鳴った。頭隠して尻隠さずの嫌がらせだ。

「会社に電話しないでください。迷惑です」

「その前に私の迷惑に釈明すべきでしょう」

「病気で入院していました」

「こんな長い入院なら病院からお得意のメールか電話ができたはず。誠意の問題よ」

「なんだか面倒くさくなっちゃって、門野さんとは付きあえません」

「じゃあそう私に宣言すべきでしょう。社会人なら自分の言動に責任を持ちなさい。出版社にもきちんと謝罪しなさいよ」

夏の渡米を控えた日、娘から電話が入った。

「ママ、知ってる？　メール見てないでしょ。あなたのメール、1年分ごっそり消されちゃったわよ。Bさんがやったのにきまってるじゃない。暗証番号を知ってるのは私と彼女だけだもの」

私がメールの操作もおぼつかないため、ときどき娘にチェックしてもらっていたので、娘は暗証番号を知っている。Bさんにはパソコンのことをすべて任せていたため、おのずと知られていたことになる。

「どうして自分のメールだけ消さないんだろ」

「彼女のだけ消したら犯人がわかってしまうから全部やったのよ。これは立派な犯罪よ」

「どこに訴えればいいの？」

「彼女がやったという証拠がないからダメでしょう。どういう神経をしてるんだろう。本当に恐ろしい人ね」

メールでしか連絡がつかない仕事上のやり取りもすべて消えてしまって、泣くに泣けない。

「ネットは怖いというけど何が問題なのかさっぱりわからない。本当にそんなことがあるならお目にかかりたい。皆さん被害妄想で騒ぎすぎ」と言ったBさんは、みずからその怖さを実践して見せてくれたのだった。


Bさんの深い闇がふとわかったような気がした。これは古くて新しいフェミニズムの問題かもしれない。女40代、人生の分岐点である。私のころも同じく分岐点の峠に立てば、子育てに追われるタダのオバサンになってしまい、この先もこのまま老いていくだけの現実がはるかに見渡せる。働いていようが専業主婦だろうが平凡でさして希望のない日常が横たわり、こんなハズではなかったとの悔恨が心の隙間に吹き寄せる。老親介護に閉ざされるなど個人によって程度の違いはあるだろうけれど。

高卒が多い私の世代ならば諦めるのも早かろうが、現在の中高年は入試だ就職だと男と競わされ、肩を並ばされたあげくの主婦的状況だ。高学歴でも正社員で働き続けられる女はいいが、派遣だパートだと使い捨ての性差別が当たり前で、昔日の競争は何だったのかと狂わずにはいられまい。できる女ほどその苛立ちは大きいだろう。

そんなフラストレーションを抱えた女の前にアホな年寄りが現れたら、からかって鬱憤を晴らしたくなるのもわかるような気がする。

「どうだ、まいったか」と言うほど彼女のエリート意識は強いのに、社会的には子持ちのオバサンで誰も尊敬してくれない。1歩外に出ればどんぐりの背くらべで、いまや50パーセントが高学歴の時代なのだ。どんな世界でも一頭地を抜くには並大抵の力量も努力も要ると思う。家を守って専業主婦をやっていれば承認してもらえた私の時代とは違い、現代は女にとってより多様で過酷な能力を要求される、新たな女性問題がはびこっていると考える私。

自己実現したい、社会的存在でありたいと希求するのは、何もリタイアした高齢者ばかりでなく、子育てや老親介護で閉ざされた女たちの当然の叫びでもある。いや、明日の見通しを立て難い点で、後者のほうが切実だろう。

めまぐるしく変わったのはコンピュータ化された社会であって、女、子ども、年寄りといった差別される側の状況はさして変わっていない。特に女たちはただ黙々と社会の底辺で、当たり前とされる無償労働か格安労働でこの国を支えてきた。昔もいまも。

なかでも美々しい言葉でおだてられながら、家事、育児、介護、教育費などパートで家計の補助まで担わされ、自分の老後など準備する間もなく、かつてのように子どもは当てにできなくなり、勝手に死んでいけとこの国に打っちゃられた絶対多数層の女性高齢者。女性の老後破産が激増という報道に胸が痛い。

日進月歩の機械社会の変化に追いついていけない齟齬の滑稽さなど、彼女らにフザケルナと怒られそうだ。身の程を超えたらやめればいいだけの話である。私はBさんにカモられそうになったのでなく、カラカわれたのだと思うことにした。

Part 4

「U荘」でのカルチャーショック

同居人は20代前半の娘たち

浦安のカルチャーショックは「U荘」の人々との出会いから始まった。

福祉法人Z会の関東進出のための露払いか、その特養ができて1年足らず。職員の準備室の住人だけでも流動的で当初は5人、副施設長Dさん以外は20代そこそこの女性ばかり。Dさんの娘Mさんのほかは6月いっぱいで青森に戻り、私がバークレーに行ってる間に次の研修の人と入れ替わった中に、小4の男の子がいるシングルマザーSさんがいた。30代のSさんは研修ではなく転勤だろうが、前住地は青森である。

つまり私の新生活は、20代前半の娘たちというよりは孫娘に近い同居人たちと始まった。どうやって接しようかと戸惑っているひまはなかった。突然現れた得体の知れない老婆に対し、孫娘たちのほうが十分にドギマギしているはずだから。しかも寡黙に近い彼女らに話しかけるのがチャキチャキ江戸弁のガサツな婆あとあっては、関西で姑に「何や、喧嘩してるみたいやな」と言われたような戸惑いを感じさせているかも、とトーンダウンを心がける。だが、これは誤算だった。彼女らはプロの介護福祉士だもの、年寄りには十分に馴れていたのだ。

準備室は個室が各々あって、キッチン、トイレ、バスをシェアする共同住宅だが、特養の勤務時間のローテーションで全員顔を揃えることはない。適当に入れ替わりながら適当に共有場所の清掃、ゴミ捨てなど日常の雑事を回していく見事な共同生活ぶり。

とりわけ収納の技術はあっけに取られるほどきちんとしていて、鍋類はもちろんのこと台所グッズがきれいにしまわれるのは気持ちいい。気持ちはいいが、私が隅に置いたビニール小袋や輪ゴムなどまでどこへしまわれたかわからなくなり、彼女らに聞こうにも職場へ行ってしまっている。

新婚所帯のように鍋やしゃもじ類も乏しく、とりあえず捨てずに持ってきた私の最小限の台所用品が活躍するが、引っ越しであげたり捨てたりした土鍋など各種の鍋や、大皿や小鉢など食器類がかえすがえすも惜しい。

「練馬まで1時間半で行けるから、台所用品を返してもらって来ようか」

「そんな……」

ガサツ婆あの冗談に彼女らはどう対応していいか困惑している。雪深い青森の地で生まれ育った純朴さをにじませながら、好奇心いっぱいで私と向きあってくれるのがうれしい。

「ひとり分作るのも5人分作るのも手間は同じだから、よかったら晩ごはんを作るわよ」

材料費だけもらうことにした。料理は得意とは言えないが、コンビニでできあいを買うよりはましだろうと。職員には入所者の食事は出ず、水曜夜だけ夕食会があった。久々に腕をまくった私はお婆さんではなくお母さんの心境だが、若い人向きのメニューも手順もほとんど忘れてしまっていた。

私を入れて6人分の食卓とは、ちょうど斑鳩の拙宅での家族の規模だった。食べ盛りの子どもたちを囲む賑やかな食卓が未来永劫続くような錯覚と、この賑わいはもうじき終わる子育てのフィナーレだとわかる現実の狭間で、切なく揺れていたことを思い出す。

離婚後、東京での要介護の母亡き後は誰に食べさせるでもなく、わが命をつなぐためにだけ料理する数年が過ぎた。それが突然6人家族のキッチンとなり、醸し出す湯気も匂いも人間らしい暮らしをうたうかのようだ。自分だけでなく他者の命を喜ばせ育む営みを、再認識させてくれたのがよその家の厨房とは、私はいったいここで何をやってるんだろうとアイデンティティーが危うくなる。

たびたび襲う心もとなさを救ってくれたのは、孫娘のような同居人たちだった。

「美味しい。お替わりしてもいいですか」

「すごく美味しい。ありがとうございます」

私の料理にこんなに美味しいを言われたのは初めてだった。息子がたまに「うめえ！」と言ったことはあるが、あとは私がお伺いを立てないかぎり反応はわからず仕舞のヨメの位置。

「おじいちゃん、お味はどうですか」

「美味しいですわ」

「食べたいものがあったら言ってくださいね」

「僕は何でもいただきますんで、よろしいように」

オトノサマの舅が「よきに計らえ」とヨメに命じるが、関西弁なのでまったりしている。（子育て終わったら逃げ出してやる）と誓う私。

ところがこの後、逃げ出したヨメを追って上京したオトノサマが、まさか米を洗い、おかずを温め、ゴミを出す主夫になるとは。

自分でいれたお茶を飲んで舅は初めて言った。「あー、美味しい」。83歳の自立だった。

さて、同居人たちは私の料理を褒めてくれるだけでなく、「何か手伝いましょうか」とキッチンに立ったり、後片づけは前述したように見事なプロ仕立てだ。贅沢な料理人の私である。

Mちゃんが同僚を連れて来た。

「友だちも食べていいですか」

「いいわよ。何とでもなるわよ」

「すみません。突然連れて来たりして」

「何言ってるのよ。ここは私の家じゃないんだから」

ワハハ、ワハハが再び始まった。まさに疑似家族である。思いがけなく私は失った家族を再び得られたのだと、ラッキーな老境にぬくぬくと抱かれる思い。

パソコンでヨレヨレになっていたプライドも自信喪失も、いつの間にか癒やされていた。

娘からの電話に私の新生活を報告すると、相変わらず憎らしい言葉が返ってくる。

「隠れたる才能、眠っていた潜在意識か。メシ炊き婆あに生きがいを見出すなんて、ママの家事嫌いを知っている人たちに知らせたらびっくりするだろうね。パパは何で離婚なんかしたんだって言うだろうし、おばあちゃんはあまりのショックで生き返ってくるかもよ」

「うちに帰る」 施設は仮の居場所？

初めのころは何か手伝うことはないかと、お隣の特養へちょこちょこ顔を出してみた。住宅地の中にすっぽり収まったような3階建て、29床という理想的な規模である。

北欧の取材で職員たちが言うには、施設の規模はせいぜい30人が限度で、それ以上のものは施設とは言わない、と力説していた。「50人以上だったら何て言うの？」と私が突っ込むと、彼女らはすまして答えたものだ。

「収容所でしょう」

そう言ってスウェーデンもデンマークでも施設の長い廊下を短く区切り、担当の職員らが疑似家族のように常に同じ顔ぶれで生活し、認知症者の精神の安定を図っていた。

「U荘」の1階は柔らかい陽射しに包まれたデイサービスの食堂とキッチン、訓練室、オフィスなどが並び、積極的に地域との交流を図っていると言う。1階奥の棟と2階全部が特養の部屋で、浴室と食堂も各々の階に。3階はホールと厨房で、ホールでは月1回、地域交流セミナーが開かれる。

スタッフはデイサービスを含んで35人、ほとんどが青森の職員だが、現地採用の職員やパートタイマーもいるそうだ。

私が〝手伝うふり〟のために入所者サンの散歩につきあおうとしたが、予定していた人が入浴の時間だったり気分が乗らなかったりして、なかなか揃って散歩というわけにはいかない。何回目かに3人だけ揃い、車椅子や徒歩で近くの公園に行ったが、3人には各々スタッフがついているので私は要らないのだった。

つまり〝ふり〟もできないのは、副施設長Kさんが言うように「採算を度外視してやってます」ため、人手は足りているのだろう。結局私にできたことは、庭や路地の雑草取り。蚊にさされながら足腰の苦痛に耐えて頑張ったが、夏のバークレーから帰国すると伸び放題になっていた。

またある日は、1階の食堂で誰かを待つ風の上品なおばあさんに、私が話し相手の〝ふり〟をしようと話しかけると、

「毎年来ているからなつかしくてねえ。そろそろ東京へ帰る時間なので、ゆっくりしていられないのですよ」

「それは残念ですね。東京はどちらですか」

「さあ、どこだったかしら。ド忘れしてしまって。しょっ中変わりますんでね。うちに帰らなくちゃぁ」

母が練馬区のショートステイを利用したときも、毎日「うちに帰る」と帰り支度をした利用者にスタッフが付き添い、玄関を出たところで気がすんで戻ると聞いたことがある。

右のおばあさんにはスタッフが来て、「さあ、行きますよォ」と声をかけると、「ではごめんください。またお会いしましょう」と私に言い、静かに部屋に戻っていった。

「うちに帰る」——利用者サンにとっては帰るべきうちがあり、施設は仮の居場所という思いでいるのかとがく然とする。家や家族はあって当たり前とタカをくくり、無くなってその大切さを知った私のがく然だが。

記憶が怪しくなった近未来の私は特養で旅行カバンを引きずり、「サンフランシスコエア

ポートに帰る」とスタッフを困らせるかも。何せ孫たちは私がいつもSFエアポートから現れたり消えたりするため、そこにバーバが住んでいると思っていたらしいと娘に聞いてから、私の「望郷」はエアポートになってしまった。

会いたい、会いたい、いつも会いたい、会っていても会いたい――まるでラブラブの女と男の恋情のようだが、人を恋うる想いは家族にも同じくして、記憶が定かでなくなった老いの本能に切なく息づくのだろうか。

会いたかった孫と十分に戯れた昨年夏の2カ月半後、忘れそうになった浦安の新生活に戻ってくると、特養の3階ホールで敬老の日の表彰式が行われた。昨年10月にオープンして初の敬老会だそうだが、米寿など歳の節目の入居者を職員らが祝う。

Dさんが正面でお祝いを述べていると、最前列のおばあさんが茶々を入れるように何ごとか口をはさむ。窓際のおじいさんが「うるさい。黙れ」と制するが、彼女は思い出したようにたびたび短く何か言う。

彼女の隣のおじいさんが答辞に立った。

「本日はお忙しい先生がたが、私どものためにこのようなすばらしい会を設けてくださいまして、心より御礼を申し上げる次第でございます」

右のおばあさんがすかさず合いの手を入れる。

「だまっています。だまってね」

「思えば私がこのU荘にお世話になってから、はや半年経ちました」

「だまっています。だまってね」

「どの先生がたも本当に親身になって私どもをお世話してくださる姿に、感謝の思いで一杯でございます」

「だまっています。だまってね」

まるで掛け合い漫才のように絶妙のタイミングでやり取りする。意図的なウケ狙いでないだけに、吉本新喜劇もマッサオになりそうなリズミカルな掛け合いが会場を笑いで覆う。きっと彼女は皆に「黙って、黙って」と制されることが多いのだろう。

私は一番後ろの席で笑いと涙でグショグショになりながら、詩のような響きを振りまく私の〝天使たち〟のコトバを思い出していた。私が覚えているのは幼少時のエリックの「デュワイン、デュワイン」や、ジェニファーの「オキドッキー、オキドッキー」で、いずれも彼らがやって来た「星の国」の母語だが、地球語ではどうやら「アイ　ラブ　ユー」らしいとわかるのに時間はかからなかった。

会いたい、会いたい、書いていても会いたい――。

シングルマム

バークレーから戻った同じ秋口、私の部屋の真下にシングルマザーのSさんと小学4年生のRクンがいた。

175センチのエリックから見ればRクンは小さいのに、他人の大人に臆せず身ぶり手ぶりも上手に話してくれる彼に、はじめのころは驚き緊張してしまった私。いわゆる健常児を育てたはずの私が、すっかり健常児を忘れてしまっていた。

しかし、若い女性職員がいた渡米前もそうだったが、ひとりで寝ていても他者がいる気配でホッとする安心感があった。いまそれに加えて子どもの声が聞こえたり、たまさか小走る足音が聞こえる。その安堵感がもたらす精神安定状態に子どもの存在意義を自覚し、高齢者施設に何が必要かを大発見したつもりの私。

ところがSさんは事もなげに話した。

「青森の施設には子連れで出勤する職員が何人かいますよ。赤ちゃん連れです」

「わー、日本もそんなにススンデいたの？　欧米のように保育士がついてるんですか？」

「いいえ、手のあいた人が交代で見たり、泣けば誰かが駆け寄ったりですけど。隣の特養にもひとり、連れて来る人がいますよ」

働きたいが赤児のいる女、働かなければならないシングルマザー、そして行き場のない老人の私など困っている事情を抱えた女子どもを、まるで宗教が門戸を開いているように受け入れている福祉法人。その柔軟性の動機は何なのだろうとますます興味がわいてくる。

信心して生きのびる人も幸いなるかなと思うけれど、私は宗教の拘束性と排他性が嫌いで孤独に甘んじてきた。だがバークレーで、夫のDVから逃れた日本人女性がカソリックに入会し、発達障がいの息子を育てながら自身は大学院で福祉の勉学中という話を聞くと、彼女の逞しさがまぶしい。もちろん、バークレー市のソーシャルサービスも権利として享受しながらの子育てである。

さて、「U荘」のシングルマザーの受け入れかたにも感動してしまった私。Rクンは決してミソッカス扱いではなく、当施設の重要メンバーとして尊重されていた。たとえば前述した敬老の日の表彰式では、プログラム半ばに彼はマジックショーをやって入所者サンらを喜ばせている。

また、私は都合が悪くて観られなかったが、職員同士の月1回の行事で水戸黄門の寸劇を楽しんだ日。主役の黄門さまがRクンだったと聞いて、いいなーと笑みがこぼれた。

誰しも明日の希望のために勇断をくだすとはいえ、離婚は愉快なことではない。不安と逡巡を背中合わせにしつつ、よりよく生きたいと葛藤する中心に子どもがいたら、勇断自体が足踏みせざるを得なくなろう。

それぞれの嵐をくぐり抜けてつかんだだろう自立の清々しさ。だいぶ以前の離婚らしい50代のDさんも、30代半ばのSさんも、惚れ惚れするほどのキャリアウーマン風。Dさんは私が「風の又三郎」と異名をつけたほど、青森、仙台、浦安と飛び回っている。九頭身のSさんは見てくれのカッコよさはもちろん、シングルマムの子育てが見事としか言いようがなくて、私のいにしえのいい加減な子育てが苦いゲップのようにこみ上げるザマ。いまさら遅いけれど。

Sさんはとにかくよく動く。よく働く。気合いの入れかたが半ぱじゃない。Rクンのためにウン10年ぶりにハンバーグを作った私だが、そんなスケットは何にもならない。Rクンの休日の昼食から夜勤の日の夕食まで、ローテーションによって弁当もいくつも作り、彼はチンして食べるだけ。ローテーションの組みかたもシングル母子に配慮があるようだ。

彼女の料理は手早く、何種類も創る様はプロのシェフ並みで感嘆するが、青森の同僚が料理上手なため教わったのだと淡々と言う。後片づけもウルトラ仕込みで、キッチンの掃除もゴミ出しもまたたく間だから、私は「すみません、ありがとう」を連発するばかり。彼女は笑いながら「性格だから」と謙虚だ。彼女の極め付きは何といっても子育て。木造2階建てにもかかわらず、Rクンを怒鳴る母親の声を聞いたことがない。私が息子と娘を怒ったときは町内中に響きわたる大声で、ときに手を挙げたこともあったから、滅多に人を褒めない私がSさんを讃美した日。

「あなたって子育ても家事もパーフェクトね。すばらしいわ。よくやっていらっしゃる」

ちょっとテレた彼女の言葉がいい。

「えっ？　自己嫌悪の毎日ですけど……」

子どもを怒らず叩かず育て、子どももわがままでなくナイスに育っている家族とたまに出会うことがある。身近では娘と私の妹で、偶然だろうがどちらも保育士の資格を取得して現場で働いたことがある。娘はオーティズムの子を大声で制するときはあるが、決して手を挙げない点を尊敬してしまう。

Sさんを褒めすぎと思うムキは、あくまでダメ主婦の私が基準だからと申し上げる。

親だけでは子育てを担いきれない時代になった、と言われて久しい。そのもっとも弊害の大きい元凶はパソコンであり、子どもの精神世界を親が把握できない恐ろしい時代になってしまった。その装置に対抗する子育ての英知とは、複数の温かい大人たちの目が見守る環境だろうと思う。日本人が大好きな従来の管理と強制でなく、いのちが健やかに育ちゆく理想を追い続ける環境である。

Sさんと彼女の職場の世界がそれを目指す具体のひとつになれるのか。過酷な肉体労働の現場で働くこの国の現実で、子育ての理想を追う余裕がほんとうにあるのかどうか、安易な結論はつつしみたいと思う。

おさんぽバス

新浦安駅近辺は大型スーパーが隣接していて、海辺の街らしく魚が豊富で東京よりもグンと安く、野菜も拙宅近くの市場が格安という逃げ場もある。

特にダイエースーパー特売日の毎木曜日は魚も野菜も90円台の安売りが多く、欲を出して買い込んで両腕に持ちきれずにうなるほど。まるで戦後の買い出しを思わせるショッピングデーとなるが、毎週というわけにはいかず近くのスーパーで補う。当初は5人の胃袋を一応預かったため、買い物と料理が私の重要な日課となった。

ある日のダイエーは青光りする新鮮な鯖が大樽に山と放り込まれ、一匹400円という信じられないネダン。締め鯖用におろしてもらって、ついでに調理場のお兄さんに作り方を教えてもらい夕食に間に合わせると、とろけるように美味だ。次の週の木曜にも魚売場に駆けつけると、ひと回り小さい鯖があるにはあった。私は調理場のお兄さんに、これも先週のように締め鯖になる？　と聞く。

「今日のはダメだ。やめたほうがいいよ」

商いの自信と誇りを見たような。そう言えば昔の魚屋のおじさんやお兄さんとは、こういうやり取りがしょっ中あったのを思い出す。

ある日のダイエーは午前中に行ったせいか、まだ買い物客はまばらだった。野菜売り場のコーナーにじゃが芋と玉葱がバラで売られていて、各々30円ちょっとという安さ。私がじゃが芋に手を伸ばすと、脇から手がニューッと伸びてくる。からだを譲りながら客の顔を見ると、ナント妖艶な大年増が芋をよりながら話しかけてきた。

「お野菜たくさん欲しいんだけど重くてねえ」

「ほんと。せいぜい2、3個ですよね」

「私も2、3個がやっとだわ」

そう言いながら熟女と熟婆はより大きな芋をよっている。重いんだから小さくて軽いのを選べばいいのに、少しでもデッカイのを夢中でよる。ああ、この主婦根性のあさましさ。サルバドール・ダリの絵に「死ぬまでやめない」〔注〕というガイコツもどきの女が化粧をする作品があるが、死ぬまでやめられない習性はいったいいくつあるんだろうと怖くなる。

さて、新浦安駅前のバスターミナル、ダイエー前から市内循環の小型バスが出ている。お

〔注〕「死ぬまでやめない」はゴヤの「カプリチョス」が原画で、ダリの作品はゴヤの原画を借りて描き直したもの。

さんぽバスと称する庶民の足は全線100円という安さ。路線の異なるおさんぽバスが何本か走っていて、20分間隔のそれらは買い物に便利だ。私が利用するのは新浦安発舞浜行きだが、私の住む郵便局前というバス停まで発着所から10分。次の市役所前以降になるとバスは住宅地を縫うように走り、隣街の舞浜まで40分もかかるらしい。

補助金が出ているため安く乗れるおさんぽバスは、停留所名の頭に番号がついていて、似たような停留所名があるところは番号で判別できるのがいい。郵便局前は25番である。

と思ったら、ある日始発停留所からバスに乗ってきたおばあさん。100円硬貨をドライバーに差し出しながら尋ねる。

「ナントカの1丁目に行きますか」

「ナントカってどこでしょうか」

「さあ、さっきまで覚えていたのに、バスに乗ったとたん忘れてしまったんですよ。運転手さん、思い出してくださいよ」

「困りましたねえ。頑張って出てきませんか」

親切に相手をするドライバーに好感を持つものの、頑張って出てこないかは下のものではあるまいしと、乗客は皆うつむいて笑いをこらえている。

笑ってはいけない。笑ってはいけない。いつか私も通る道だ。笑いをこらえすぎて涙があふれてきた。

結局おばあさんは係官に導かれて、ターミナルのバス案内所へ行った。案内所で頑張って無事出てきますように――。

郵便局前で下車すると、道幅3、4メートルの歩道がゆったりと縦横に続く住宅地。その住宅地のド真ん中に「U荘」があり、隣が準備室の〝わが家〟でバス停から3分ほどだ。途中にスーパーもコンビニもあるのに、昼間は自転車も歩行者も少なく静かで、街路樹など緑の多い空間を散策しながら、あれっと周囲を見回す。

妙になつかしいこの雰囲気。初めて来た気がしないのはなぜだろう。車椅子と犬をよけた瞬間、思い出した。娘宅のあるバークレーの住宅地と緑樹空間が似ているのだった。娘宅の斜め前には大きなドッグランがあるため、大小の犬が走ってきたり車で散歩に運ばれてきたり。歩道の掃除をするとき、私は怖い。

浦安の犬はどれも小さくて可愛いので、安心して歩けるのがいい。都心から旧江戸川1本隔てた千葉県の、ローカルゆえのゆとり空間なのだろうか。ホッとできる生活圏が多いような気がして、思わず深呼吸してしまう。

Part ❺

浦安情景

浦安は「若い街」、「金持ちが多い街」

浦安市に転居して間もないころ、地域包括支援センターから「おたっしゃ度チェック」という小冊子が送られてきた。高齢者の健康調査である。その最後のページに公民館などのさまざまな講座案内が載っていたが、私の重い腰を上げさせるようなものがなかった。

私は思いきって包括支援センターに電話をかけて私の経歴を話し、「自分史」を書く講座を開くにはどこに相談にいけばいいのかと聞いた。私にできそうでできないこと、いやいや、できなそうでできることは、唯一なりわいとしている〝書く〟ことくらいだ。

書くことでプロヅラできるほど誰かに師事したり学校に通ったこともないが、からだが弱ってくる長い老いの時間を書く楽しさで埋められれば、そんな作業の基盤を共有できればと思いついた。常に走りながら考える単細胞の私の信条は、「やってみなければわからない」である。

包括支援センターの女性担当者は私の話を丁寧に聴いてくれた後、「キラキラ応援隊」というボランティア団体の代表に連絡を取ってくれた。

「門野さんの相談に乗ってくれるピッタリのかたをご紹介します」

何とその2時間後、私は代表のNさんと新浦安のホテルのラウンジで向きあっていた。その少し前に電話で時間と場所を決めたNさんは、電話を切った後に再びかけて曰く、

「浦安駅ではなくて、新浦安駅のほうですよ」

「ダイエーやモナのショッピングセンターがあるほうですね」

「ピンポーン！」

マケそう。パンドラの箱をおそるおそる開けたら、何やら面白そうなものや人が一杯詰まっているような、楽しい予感に胸が躍った。

Nさんは私と同い年の1937年生まれでこのとき76歳。某上場企業を管理職で定年退職し、70歳まで別会社や経営コンサルタントで働いた後、浦安市が4年前にオープンしたばかりの市民大学の第1期生となった。

娘さんふたりを嫁がせてお孫さんもいるが、老夫婦だけで新浦安駅近くの瀟洒なマンションに住み、夫婦それぞれにカレンダーがスケジュールで真黒になるほど老後を謳歌しているとのこと。

Nさん世代は高度経済成長時期もバブルがはじけた低成長時期も、いわゆる「働き蜂」のリーダー格として私生活なしに働かされ、続く団塊の世代ともども「燃えつき症候群」と言

われた男たちだと思う。

事実私の見てきた男たちは小さな戸建てに住み、子どもを高学歴に育て上げ、妻は専業主婦や有職主婦《パート》いろいろという家族がおおかただったが、退職後の夫らは力尽き矢折れた病人やうつで閉じ込もるか、亡くなった人も少なくないという。

泣いてヒステリーを起こす夫や、自立できないパラサイトの子どもたち、夫婦喧嘩や親子喧嘩の絶えない老境家族を見聞きするたび、そこまで搾取され破壊された男たちの働かされように絶句したものだ。もちろん母性保護を棚上げされ、男並みに働かされたキャリアウーマンもしかり。過酷な日本の労働形態が高度経済成長を可能にし、個人を尊ばない働かせようがその後の企業の足腰を弱体化したと私は考える。

だが、この労働者残酷物語のテリトリーに入らない大企業のエリートサラリーマンの定年後が、活字情報だけでなく友人・知人の現実情報としても入ってくるようになった。年齢は昭和2桁から団塊世代までの元気のいい男たち。私生活なしに働いた時期もあったろうが、高額な退職金と厚生年金などに恵まれ、現役時代の人脈をキープして好条件の第2の仕事に就いた人がほとんどだという。

後に続くただいま管理職の知人がそういう先輩らを評して、「とても高齢者とは言えませんよね。現役のときとちっとも変わってない」と感嘆しきり。共通の知人がいたから私も頷いたが、フェミニズムが連発した「男社会」とは男同士が助けあい守りあう社会的財産権のことだったかと、老いて顕わになったその仕組みに呆然とするウブな私。

再就職せずに夫婦で旅行三昧の人、山村に入って有機農業に取り組む人など多様だが、いずれも公私共に豊かな老後を楽しむ階層だ。

女のエリートも高額の退職金と厚生年金の悠々自適組を何人か知っているが、エリート同士の知り合いはいても〝機能する人脈〟にはならないようだ。私の印象が間違っているのか、女のエリートが少ないためか、サテ？

乱暴に言ってしまえば、従来の年寄りは時間があるのにカネに余裕がなく、引き込もり状態で家族にうっとうしがられる男が多かった。が、貧富の格差が大きく取り沙汰される昨今、時間、カネ、健康に恵まれた男女高齢者群が全日制市民となり、ボランティア活動などに社会進出しているといえようか。

特にここ浦安市は「若い街」だということと、「金持ちが多い街」だと皆口を揃えて言う。富裕層が相対的に増加した現象を思えば容易に頷けるが、かつてリッチな若者層を「独身貴族」と称したのになぞらえば、私は金持ち年寄りを「シニア新貴族」と呼びたくなる。

かつての「九割の中流意識」が上下層に吸収され、少数の富裕層と多数の貧民層に分かれた現実。「貧乏人め」と上から目線でふんぞりかえっている金持ちは昔からいるが、「シニア新貴族」と呼びたいNさんらは社交的で女性陣とも仲がよく、素直に老後を楽しんでいる雰囲気が気持ちいい。

彼は私を行政関係に紹介して回るのに、いつも自宅から自転車でやってくる逞しさ。彼の率いる認知症の家族を支援する「キラキラ応援隊」に私を入会させて言った。

「門野さんは僕らを利用してください。僕らも門野さんを利用させてもらいます」

私もNさんに希望を述べた。

「勝手ですけど、私はボランティアを生き甲斐にするほど余裕がないんです。執筆や講演をメインに仕事として立てる場を求めています。もちろん皆さんのお手伝いはします」

彼も老いの自立の条件をよく理解していた。

「ボランティアも無償でやってはいけないと僕も考えています。無償ではメンバーが減るばかりですからね。1時間900円くらいの有償ボランティアができるように、会員の研さんからやっていこうと準備してるんですよ」

30分でも1時間でも自転車を飛ばして動き回るエコロジカルなNさんは、まさに「シニア新貴族」にふさわしい新しい高齢者像の出現だと思った。

公民館でエッセー教室

Nさんのボランティア実績とお顔の広さのおかげで、会う行政マンの誰もが私に時間を割いて、浦安のことを資料をもとに丁寧に話してくれた。

ボランティアが急増した原因は東日本大震災による影響で、浦安市の海岸沿いを大規模に襲った液状化現象のためだと話す。自分たちの街は自分たちで守らなければと、住民がいっせいに立ち上がったそうだ。

私が引っ越してきた昨年２０１３年春、浦安は新浦安駅付近もNさん宅前の「うみかぜの街」メインストリートも、どこもかしこも道路の工事中でもうもうたる土埃の街だった。都心の地下鉄工事のように横断歩道もガタガタで、バス停がどこにあるのかもわかりにくいほど。

それが1年以内でものの見事に美しく整備され、大都会の風貌を出現させたのである。既述したように浦安は金持ちが多く転入してきたうえに、液状化現象の被害で有名になっても転入者は減らないそうだ。「住みたい街」の上位に位置する人気スポットらしい。

私が浦安に引っ越すと言うと、東京の友人らが、液状化の危険なところへ行くのはやめなさい、と口を揃えて止めたほど液状化は有名になった。見ると聞くとでは大違いだ。

一説によると、浦安市長が液状化という言葉を多方面に訴えて回り、国の補助金が市川市や船橋市の同被害対策よりも1桁多く出たという。

「ディズニーランドからたくさんの税金が入ってくるから、浦安はリッチだと思う近隣の人が多いのでは？」

私のミーハーな問いに、某係長が苦笑して答えた。

「よく言われますが、全体的に見ればディズニーからの税金は少ないですよ。浦安は大きな企業もなくて、市民の一般税収が多いんですが、お年寄りのリゾートとしても人気が高いためです」

長い老いの時間をどう過ごすかが、急増した高齢者たちの課題であることはいうまでもない。私もここ浦安に根を下ろしたい気持ちが日に日に強くなっていた。浦安の関係機関をNさんに紹介してもらうだけでなく、公民館などで「エッセー教室」を開かせてもらい、エッセーを書きためて「自分史」を目指すという売りこみを独自に始めたのもそのためだ。

お役所相手なので年度が変わらなければダメかと思ったが、折よく日の出公民館の高梨晶子館長が2月3月のひと枠が空いているとお声をかけてくれた。

驚くことに館長は講座の呼びかけのチラシから応募者とのやりとりまで、お膳立てを全部やってくれた。私はプロフィールや写真を送っただけで、「市民（50歳以上）20人　多数抽選」が決まってしまったのだ。

そのうえ館長の力量で講座終了時に「受講生作品集」をまとめることができた。その巻頭に「講座を終えて」という拙文を書いたのでご笑読いただきたい。こういう幸せな時間が私の老いの日々に自信を持たせ、その自信がカモられやすい体質に拍車をかけていたのである。


意外だった。

ふつう文章を書く講座というのは、それらを渡り歩く悪友に言わせれば、「どこへ行っても女ばっかりよ。それも気取った美麗美文を書くモト文学少女タイプのね」だったからなるべく寄りつかないようにしていた。

だが、興味関心も十分にあった。それは受講生としてではなく、講師として怪しいウンチクを傾けながら、文を書くことの魔の海原へたとえ何人でも引きずり込みたい邪心があった。活字ばなれの時代になっても、『舟を編む』にあやかって「文を編む」ことの中毒性の魔力は、人々に衰えてない確信を持つ私。

それに手を染めなかったのは、〝文の海原〟どころか〝添削の海原〟で、抜きさしならない仕事のようなものが増える恐怖だった。単発の講演で「人はなぜ書くのか」や、「女が書くとき」などを話したことはあるが、定期的な交流は発達障がいの親の会に限っていた。

もっと馬齢を重ねてからやろう……。で、十分に馬はいななき、昨年から私は後期高齢者。そのうえ浦安のケアハウスに入るべく練馬区から引っ越したから、地域に友人がいない。私にできそうでできないこと、いやいや、できなそうでできることは、唯一なりわいとしているモノを書くことくらいだ。

〝添削の海原〟に向かって抜き手をきって泳ぎ出そうとした。企画案は「自分史と遺言」である。自分史を１００枚くらい書けば濾過したコトバが残るだろう。あるいは遊びごころやジョークでもいい。「いたちの最後っ屁」はぶっつけ本番では書けない。もっとふだんから消化をよくしておかないと。

という人間の品性にかかわることは言わないで、市民大学など浦安市の関係機関に提案して歩いた。私を紹介して歩いてくださる「キラキラ応援隊」の代表Ｎ氏のおかげで、短期間に多方面の関係者に話すことができたが、話すだけで終わりそうな予感もしていた。

そこへ当公民館々長から「蜘蛛の糸」がぶら下がってきた。館長は以前私が浦安へ講演に来たことを覚えていてくださり、そのことをすっかり忘れた認知症前夜の私を諦めもせず、「自分史」は長くなるから「エッセーを書こう――自分史へ向かって」と、どんどん企画案を具体化させてくださった。

講座案内のチラシ作成をはじめ何もかもメイド・イン・館長のおかげで実現した次第。ありがちなヨイショでないのは、この冬の2カ月、私は米・バークレーでオーティズム（自閉症）の孫たちと至福のイチャツキを重ねていただけだったから。

意外だった。

20人限定の受講生の中に男性が3分の1参加していたのだ。両性の参加が望ましいのは、書くテーマが広がるだろうことと、高齢者予備軍かその真っ只中の男女による無言の刺激で、ほのかなエロスの香りがする作品が寄せられることを期待したからだ。

モト文学青年風もモト文学少女風もいたが、鼻白む美麗美文はなく、皆ウン十年の来しかたをずっしりと引っ下げた真面目さがまぶしい。期待した通りのエロスのほろ苦さを行間に滲ませた、モト詩人の男性の作品が1編だけあった。その隠しかたがニクい。

国際化時代にふさわしく、海外での仕事や暮らしの作品が男女ともに寄せられたのも興味深かった。16年間の半分弱をバークレーで暮らした私だが、ほとんどイングリッシュがわからずにジタバタしている現実のため、もう作品以前に異国に住んだというだけで尊敬してしまう。

過去の自分と向きあい対話し、ときには対立し葛藤し、コトバにいのちを吹き込む作業によって、かけがえのない「私」が浮き彫りになる。他者との会話ではあわただしく消えていくよしなしごとが、文章に替えるという非日常的行為の中で、言葉が吟味され重みを持つ喜び。その快感と苦悩を味わう瞬間こそは、〝文の海原〟へ漕ぎ出した証しに違いない。

人生100年の時代になった。70代なんぞやっと思春期である。その長いいのちの歳月をより私らしくより人間らしく生きるには、クリエイティブな手段を手にすることが肝心だと思う。健康が衰えてくる後半になるほど、文を編む作業を友によりよく生きる理念を追いたい。ともすれば安きに流れる老いの自由時間だが、背骨をシャンとさせて十分に生ききりたい、と私は願う。

トシを重ねても、老いは重ねたくないから。

「シニア新貴族」群像

日の出公民館のエッセー教室は2月3月にわたって週1回、計5回の講座を持つことができた。

私は学も学歴も教養もない専業主婦だったが、70年代以降にブームとなったミニコミ紙・誌から書きませんかと誘われては書かせてもらい、それがプロの目に止まって本を書きませんかと言われ、続けて2社から出版する幸運に恵まれた。

当時は新人を探している時代だったそうで、私が関西旧家のヨメとして義老親介護のため、東京から奈良・斑鳩の里へ転居したこともきっかけになったらしい。

幾度も上京しては原稿用紙の書きかたから教えてもらった40歳のスタート。ド素人のたどたどしさに辟易しながらも、諦めずに育ててくれた女性編集者との出会いが私の運命を変えてくれた。

その後も面倒見のいい男女の編集者たちや、拙著を取り上げてくれる親切な記者たちに恵まれた私は、人と人との出会いを感謝し信じる甘チャンになっていた。そして仕事の過程で学んだ書くことのノウハウが私の財産となり、時間ができたら書く喜びを共有できる場を持ちたいと願って今日に至った。

さて、日の出公民館の受講生は約半数の男女が自主グループを結成し、月1回同公民館でエッセーを持ち寄って朗読しあうことになる。〝文の海原〟へ漕ぎ出した人々に感動はするけれど、ひと区切りついたところで私は後述する次の目的に向かって動き出していた。

受講生のひとりPさんはカヌーで日本一周をした有名人で、その冒険記をまとめようとしているのか、講座が終わっても添削だけでもしてほしいとネバる。〝海の男〟Pさんは夏のバークレーにまで原稿を送ってきたが、命をかけて荒海と闘う男の無謀さは、ヘミングウェーの

『老人と海』を彷彿とさせて引き込まれた。

もうひとり私がビビったのは、元都立高校の国語教師だった女性。定年退職後まだ数年という若々しい感性で、松尾芭蕉の『奥の細道』の足跡を辿った本格的な紀行文を書く。目の上のタンコブみたいでどうにもやりにくかったが、彼女は講座修了後は自主グループに入らずに、いつの間にか私のペンフレンドになっていた。浦安の満開の桜花をふたりで楽しんだ後、私が終の住処を求めて転々とする場へ手紙が追いかけてくるアツい女《ひと》である。

一方でNさん率いる「キラキラ応援隊」の活動も半ぱではなかった。当時のメンバーは10人ほどだが、認知症のおばあさんがいる家庭の寸劇を演じたり、紙芝居でそれを訴えて歩く先は小学校。理解力ができるという4年生をグループ分けにし、教室で目前に話しかける親しみやすさがいい。グループを替えて何回も上演するため、〝役者〟がどんどんうまくなる。

「ごはん、まだかね」

「さっき食べたところですよ」

こういう啓発活動が教育の場で展開されるのを見ながら、なぜ発達障がいはこの機会がないのだろうと疑問がふくらむ。認知症の年寄りは学校にはひとりもいないが、発達障がい児は各校に数人いて、教師が手を焼いているかお客様扱いしている現場が多いのにもかかわらずだ。
さて10月に入ると、Nさんらに大がかりな認知症キャンペーンに誘われた。朝7時に市役所前に来るようにとオレンジ色の〝制服〟を渡され、冗談じゃないわよ、と8時過ぎに出かけて行ってびっくり。

鮮やかなオレンジ色の塊が私の目に飛び込んできた。塊はいくつもの巨大な数珠となり、うねうねと市庁舎前を、横断歩道を、商店街を蛇行し、最終地点の公園ではじけた。

バラバラになったオレンジ色の核は公園でとん汁をふるまわれ、三三五五と帰途に着く。千葉県浦安市の認知症キャンペーン。この日は国のお声がかりで他の自治体もいっせいにやったらしいが、ボランティア団体が集まって認知症を知ってもらおうとのデモンストレーションが賑々しい。

私が見たり参加したデモとは労働組合や学生運動、女性運動、教育や市民運動などどれもそれなりに面白かったが、反権力を掲げた主張は機動隊に〝守られ〟ながらの厳しい主権在民。お祭り気分は滅多になかった。

そういう私もこの日は誘われてオレンジ色のベストを着ていたものの、そこに集まったのは金持ちかコガネ持ち。元気で若々しく、時間も自由もたっぷり持った高齢者群を呆気にとられて眺めていただけだった。

全日制市民が真昼間に集うのは女ばかりだったから、男たちがノリノリでキャンペーンを楽しむ様も意外だが、それが塊となって押しよせる群像は正直言って不気味で少し怖い。

ともあれ富裕層の「シニア新貴族」と呼ぶべき高齢者群はこの時代どこでも存在するだろうが、金持ちが多く越してきたという浦安市でより顕著な現象を見たのだろうと思う。

うがった見方をするならば、まさに政治とカネの力によって集められた年寄りたちが、〝善なるボランティア〟という神話に躍らされて、認知症対策を装ったこの国の右傾化にしっかり舵を取った証しを、私は見てしまったのかもしれない。

Part 6

「スタッフとして青森へ迎えたい」

青森へ夢が傾く

浦安と青森を行き来するDさんは、実に楽しそうに笑う豪快な女性だった。大柄でふくよかな印象も、すべてを包み込むかのような頼もしさにあふれている50代。

理事長のOさんに浦安で会ったのは数回だったが、ふくよかで温かい印象は同じでも静かでおとなしめの60代前半。Dさんとは対照的ないいコンビぶりだと私には映った。

Dさんが浦安へ来ると、2階の隣の部屋で長女のMさんと母娘の水入らず。次女のCさんも青森から訪れることがあり、朝晩の食事が大賑わいの日もあった。

ある日、Dさんが食卓に座るなり声をはずませて私に言う。

「今回は久しぶりに従兄の家に寄ってね、門野先生の話をしたんだわ」

「先生と言われるほど落ちぶれてないので止めて。メシ炊き婆さんのほうがよほどいい」

「そしたら従兄が本を出してきたんだ。『寝たきり婆あ猛語録』（講談社）。いやー面白いの何のって、新幹線があっという間に東京駅に着いたんだわ」

「まあ、ありがとう。従兄さんによろしくね」

Dさんとは縦横に話がはずんだ。福祉を利用する側として話しあう友人はいくらでもいたが、福祉に携わるプロと会話を楽しめる機会など滅多にないからだ。専門家にお伺いをたてて答えてもらう現場の関係ではなく、雑談を含めて腹の底から笑う愉快な関係である。

私も遠慮なくデンマーク、スウェーデン、ノルウェーで取材した先進的なエピソードなどを話し、老いた私が享受したい福祉の理想について語った。

するとDさんは、「青森にも画期的なケア付きマンションを建てているところなんだ」と言い、隣の特養に貼ってある新聞記事をコピーしてくれた。

「高齢者と育児世帯が共生——青森に支援付きマンション」の見出しで、「建築工事費の10％や設計費の3分の2を補助される見通しだ。事業費は約8億9300万円。来年度中にも着工する予定で、戸数、家賃は未定」とあった（2013・2・6　読売新聞）。

さらに2014年4月には朝日新聞が具体的な記事を掲載。が、これも地方版のためか私は知らなかった。

福祉法人Z会は、2012年度国土交通省の「高齢者・障害者・子育て世帯居住安定化推進事業」に複合マンションのプランを提案。国のモデル事業として採択され、建設費の1割を補助されたという。

高齢者向け（37戸）は、自立した生活をする家族タイプの部屋から介護を要する単身者向け「シェアハウス型」まである。子育て向け（25戸）は、シングルマザーや3世代、出産前の夫婦の入居もできるという。

1階には診療所、レストラン、保育園があり、これら3施設は入居者以外でも利用できる。家賃は月約4万円（1K）～約14万8000円（2LDK）共益費1万8500円。高齢者世帯は、生活支援サービス費（安否確認・緊急対応・見守りなど）として1万円かかる。

青森の家賃の件をDさんに聞いたのは今年14年のはじめ、バークレーから帰国した2月ごろだった。

「自立した高齢者向けの住まいは月6万円ちょっとほどで、権利金など最初のお金は一切いらねえんだ」

「ウッソー、でしょ？」

「補助金がらみの事業なので、民間のような高い家賃は取れねえべ」

「するといろいろの経費を加えても月々10万円くらいで入れるってこと？　食事は自分で作っていいのよね」

「もちろん」

私の老後の夢が青森へ大きく傾いた。

ノセられていく私

「青森は1年のうち、どのくらい雪に閉ざされるの？」

「約5カ月ぐらいだべ」

Dさんが浦安へ来るたびに、青森行きの話が私の中でリアリティーを帯びてきた。練馬の友人の故郷が八戸であり、私の疎開先が福島・いわき市のため、私に東北アレルギーはなかった。むしろ土の香りがするような東北弁さ、懐かしぐてたまんねかったんだべ。

老いて仕事ともボランティアともつかぬ歳月を送るのなら、いっそのこと新天地に身を置いたら〝新しい自分〟を見つけることができるかもしれない。私にとっては体力的にも最後の冒険を、縁あった青森の地と人に懸けてみたいと、「事業計画」の夢を描き出す。ヒントは浦安の「認知症キャンペーン」である。

「厳しい雪国ではどうしても運動不足になるでしょう。かといって雪道でジョギングしたら、すべって転んで骨折するのが関の山よね」

「どうしても引きこもりやうつのお年寄りが雪国のほうが多いでねえでば」

「ラジオ体操やヨガは施設でやってるところもあるけど、元気なシニアや職員のものだしね。ところが施設のバリアフリー化で、どこも長い手すりがついてるでしょ。あれにつかまって美しい音楽で手脚を伸ばしたり、車椅子で手すりにつかまってからだをそらせたら、気持ちよくて楽しいと思うの」

「そうだね。楽しい企画を立てないと冬の雪国はどんよりして暗いから。いやー、先生、いいことを言ってけるね。それは門野先生が教えられっけ？」

「とんでもない。プロのバレエの先生がバレエの基本をベースにして、正しく動く指導が必要だと思う。会場も講師もオカネがかかるので東京ではできなかったけど、青森の施設のホールでそれができるのなら、あとは講師を捜せばいいだけになるわね」

バークレーでは公民館でプロのバレリーナを講師にし、中高老年が実に気軽にバレエを楽しんでいた。1回15ドルで本格的な稽古着の女性もいれば、ジャージの運動着の人もいる。音楽はピアノの生伴奏でおじいさんが大活躍。隣の教室では何とカンカン踊りだ。

「つまり〝おばあさんのバレエ教室〟という特色を出せたらと思う。バレリーナじゃなくバリーナだ（笑）」

「すごいアイデアだね。先生が青森に来てくれるなら、ぜひスタッフとして迎えたいねえ」

「私は3食ケアつきで世話してもらうほどまだ老いてないし、世話を受けるだけが目的なら東京でいいんだもの。青森の施設に行くとしたら、施設の特色＝魅力づくりで協力できれば退屈しないわ。スタッフの隅っこに加えてくださるなんて入所者プラスαでステキね」

「福祉法人Z会のうたい文句は『地域密着型』だから、施設利用者だけでなく、近隣の中高老年にも呼びかければ施設の宣伝にもなるでしょう?」と私ははずんでいた。Dさんも頬を紅潮させ、両手を振り回して共感し、女ふたりはまるで酒が入ってボルテージが上がった風だが、食後のお茶だけの会話である。

「Dさんが他のスタッフを説得するときに、何のためにそれをやるのかだけど、認知症予防がメインなの。バレエの基本でからだを動かすのも大切だけど、いま私が浦安でやっている〝エッセー教室〟、書くことで頭を動かすのも必要でしょ。これは私ができるから地域にも呼びかけて始めたい。公民館や市民センターなど生涯教育関係にも挨拶に行くわ」

私の人生最後のチャレンジ、私のささやかな集大成を青森で形にしたいと夢がふくらんだ。認知症予防の大義名分を掲げると次々とアイデアがわいてくる。

たとえば〝おしゃべりサロン〟。トシを重ねると声も言葉も出にくくなる。おまけに雪国の人は寒いからなるべく口を開けずに話すという。そのため劇団のウォーミングアップのような訓練から始め、大声で大口を開けて話し笑い歌って終われば認知症も逃げて行くはず。フリートーキングは「本当の私と出会う」「私らしさの発見」で、身を縮めて女らしさ、母らしさ、年寄りらしさをやってきた日本の女性たちの肩こりをほぐす時間にしたい。

これらを一遍にDさんに話したのではないが、彼女は毎回積極的に肯定し、私をスタッフにする口約束もその度確実さを増した。

口約束を契約書にできなかったのは、彼女に決定権はなく、確認を求めれば会議でまだ通ってないと言うのが目に見えていた。何よりも彼女らが尊敬してやまない「京都のY先生」の紹介なのだから、まさか彼の顔をつぶすような無責任なことは言わないだろうとの〝信頼〟があった。

余生を青森で生きることの無謀な夢が、私の中で手堅い希望に変わっていったのである。

青森へ下見に女3人の旅

「私たちはキャリアウーマンには違いないんだろうけど、現場では毎日やってることが同じだし、利用者を含めてもほとんど変わらない顔ぶれで、新鮮な空気があまり入ってこない世界なんだわ。だから先生がここへ来てくれたことはカルチャーショックで、ものすごく刺激になっているんだ。誰かが図書館へ行ったら、先生の本がたくさんあったと驚いていたしね。私たちが仕事で見ている高齢者とは違うタイプの高齢者に、時代の変化を感じさせられるというか、とにかく勉強になってありがたいだよな」

「新種の年寄りだってやがて自分がわからなくなり、あの世へ逝く道は同じよ。大変なお仕事だけど、あなたがた専門家のお世話にならないとどうにもならない高齢者大国になってしまった。からだに気をつけて頑張ってね」

このようにDさんとしみじみ話しあうときもあった。

彼女の言葉を額面通り受け取るほど若くはないけれど、Dさん母娘を大好きになった私はすっかり舞い上がってしまった。青森での新生活に、幸せ色の通行切符を渡された思いがしたからだ。

だからといって多くを望んではいけない。最初から人が集まるはずはないし、情報の速度も関東と東北では違うだろう。しょせん旬の過ぎた年寄りなのだから、と自分を戒めもした。

青森は何もかも1からのスタートなのだから不備があって当たり前。信じるのはDさんの人柄と積み重ねた対話で十分。あとは人間関係をはじめとして自分で創っていけばいい。

「エッセー教室は会議室のような限られた空間があるとベストなんだけど」

「あら、1階のホールだって衝立てで仕切ればできるんだべ」

Dさんはどこまでも明るく積極的だった。が、6月のオープニングを前にして、4月になるとDさんは滅多に来なくなり、来てもとんぼ帰りとなる。肝心の施設の料金など入所のための情報が聞けないままに時間が過ぎていく。

しかしマンションを売ったお金をそっくり引き渡すも同然の高い買い物を、実物を見ずに買うことはできない。Dさんが青森にいる4月中旬、私は高齢者問題専門家の女友だちふたりと青森へ向かった。ひとりは元高齢者施設長、もうひとりは月刊高齢社会ジャーナル編集長で、私と元施設長が同誌の〝カバーガール〟になったのがご縁の女3人連れである。

同じ屋根の下に4世代同居の施設とか、職員の子連れ出勤とか、国土交通省と厚労省のコラボ施設などのセールスポイントは、東京周辺などでも企画された地域があったそうだが、いずれも実現しないままに終わったと聞いた。そのためか、右の専門家ふたりも青森に関心を持ったのかも。

Dさんは3人で行くことを快く承諾し、私たちの希望通り施設のゲストルームに泊めてくれた。新幹線の新青森駅まで、浦安で顔なじみの男性職員が車で出迎えてくれ、夕食と朝食も用意してくれた。職員たちは皆親切で、近くのスーパーなどにも車で案内してくれるほど。

ただ内装はほとんどでき上がっているのに、見学者は私たちだけという静けさが気になった。前述の新聞では受付開始、申し込み順となっていたのに、オープン前のあわただしさや華やぎが皆無なのだ。

館内を見学しながら開設予定が遅れているのだろうと思い、職員に最上階6Fの角部屋を予約してと頼み、窓外の黒々とした闇に目を凝らした。私はここでやっていけるのだろうか……。

その夜も翌午前中も理事長かDさんに話を聞きたくて待っていたが、電話のひとつもなかった。私は特に入所の料金のことが知りたくて連絡をくれるよう頼んだが、よほど多忙だったのだろう。結局料金がわからぬままに無謀な買い物をしてしまっただけでなく、ただの物見遊山で来たのではない友人たちに顔向けできない結果となる。

青森見物という気分にもなれず、2泊3日の予定を1泊2日で帰途に着く。救いは、青森駅前の繁華街でデパートの地下にある魚市場を発見。名前も知らない豊富な魚介類に目を見はり、その一角の椅子もテーブルもりんご箱という食堂に入り、海鮮丼に舌鼓を打ったときだった。

私たちのテーブルは舞台の正面だったが、ねぶたの人形が睨んでいただけ。ところが椅子ひとつとマイクが中央にセットされると、男着付けの中年女性が津軽三味線を奏で始めた。その哀調と勇壮な響きは聴く人の心を鷲づかみにし、しんしんと降り続ける雪景色の中にいざなうかのような迫力に満ちる。

手が切れんばかりに撥《ばち》を打つ女の厳しい生きざまが三味の音に重なり、初めてナマを聴いた私は深い感動にしびれてしまった。喝采を浴びて彼女が立ち上がったとき、私は思わずおひねりを渡しに舞台に近寄ると、呼び止めた彼女が握手を求めてきた。

余談だが、サンフランシスコやバークレーでストリートパフォーマンスを楽しむとき、ミュージシャンの足元に置いた帽子などにチップを入れる係は孫のエリックだから、握手をしてもらうのもいつもエリック。彼がオーティズムだとわかったミュージシャンが、手を握りながらやさしく話しかけてくれるのがうれしい。

さて、津軽三味線の津軽弁の語りを聴いた友のひとりが、故郷の熊本弁によく似ていると言う。はるか太古のころから青海原を船で行き来し、津軽港・青森港らと熊本港・博多港らが海上貿易していたことを彷彿とさせる友の言葉である。

自称〝シティババア〟などと言い、中央集権でものごとを考えるのが当たり前になっていた私。律令国家以前から島国日本でもひとつひとつの国があり、それぞれの文化を営んでいた長い歴史があったのだ。そういう「地方自治の本旨」的な視点を持って、北の国に馴染んでいけたら新しい心の地平が描けそうだ、と私は期待で胸がふくらんでいた。

死に場所難民、10年後に50万人

青森の施設が気に入った理由のひとつは、国土交通省の補助金を受けてケアつき複合マンションを建設した隣に、厚労省の補助金を同じく受けて、特別養護老人ホームを建てることが内定している、とDさんらに聞いたことによる。

老後、どこかに居住を定めてもマイホームで頑張っても、要介護で自分のことができなくなってからさらに特養に引っ越さねばならないシステムは、老人にとって残酷だ。しかも全国で50万人も特養待機者がいる中で、幸運にも特養に入れた人々の残酷物語である。

そんな現実下に自立居住型の施設とセットで特養が隣にとなれば、特養に入る優先順位も高いだろうし、何よりももう引っ越さなくて済むことは10年先を考えると魅惑的だった。下手に身内を当てにした計画を立てていると、イザ関ガ原となるころには、家族のほうが病いに臥せるかあの世へ逝ってしまっている例には事欠かない。

潤沢な経済力があろうとその日暮らしの老人難民であろうと、病いと死は等しく訪れるゆえに言い得ぬ不安がある。そういう不安を視座に入れたシステム創りができてこそ、福祉という名にふさわしいはずが、実際は10年先まで腰の暖まらぬ老人行政とはこれいかに。

ところが最近（２０１５年）の報道によると、高齢化によるベッド数の不足で、10年後には病院などに入れずに亡くなる「死に場所難民」が50万人近くになるという。政府も病院や施設でなく、基本は在宅死の方向にと、時代に逆行する方針を打ち出した無責任ぶり。

報道では家で死にたいと思ってももはや看取る家族がいないため、「看取り士」という新たな資格を──と何をいまさら。ヘルパーや介護福祉士の資格制度で大騒ぎし、結局は重労働・低賃金で有資格者が多数離職し、外国人労働者を雇ってもなお足りないにもかかわらず、使い捨てだと週刊誌にあった。

残ったものは介護保険料という第３の税金のボッタクリシステム。厚労省のハコモノ行政の大失政と言い、官僚は変わるから誰も責任を取らずともよく、10年先のことなど知ったことかよとのどかな日が続く。

わかっていることは、３千万人〔注〕という高齢者の群れが押すな押すなと、安全でより快適な黄泉の国への通行切符を入手しようとするシビアな現実。東京都のベッド不足はとうに始まっているから、施設の売り手市場は地方にまで及んでいることは想像がつく。都市部の高価な土地に施設を建てるよりも、地方の安い土地に建てるべく、国税で補助金を出して地方の法人と結びついた行政の他力本願。

国がからんでいるからあくどい儲け主義ではないだろうと、消費者の判断の大前提に公に

〔注〕２０１４年９月15日、総務省は65歳以上が３１８９万８０００人と発表。総人口の４分の１を超えた。

対する信頼が働く。公にはすべてにマユツバだった私までが、Dさんや理事長を通して福祉法人Z会への信頼と、国税が投入される公への安心感もあって、青森の施設入所を決めたのだった。

浦安のケアハウスからは何の音沙汰もなかった。係に問い合わせると、14年秋の申し込み時の抽選で私は13人待ちと言われたが、それから半年経っても何の変化もないらしい。東京に比べてたかが13人待ちと思ったが、特養と違って元気な高齢者が入るケアハウスは異動が少ないのだろう。

それならそうで青森に行く準備にかからなければならない。6月にオープンと聞いていたので、5月以降の講演依頼は事情を話してお断りした。早くから受けていた金沢市の「〝人間と性〟教育研究協議会石川支部」の5月半ばを済ませてから青森へ行くことにして本当によかった。

ヒューマンセクシャリティー（人間の性）の性教育は、右翼の弾圧で東京都を中心に学校現場から消えかかっている中を、それでも頑張って実施している教師たちに金沢でも会うことができた。当日は関西からもベテランの知人が参加して、〝性と生〟を自然体で肯定する人としてのやさしさを共有しあった。

青森でもこういう仲間と出会う楽しみがある。Dさんに入所にはいくらかかるのか詳しい料金を教えてほしい、何の連絡もないけれど5月末日に行ってもいいのかと手紙や電話で聞いたが、音沙汰なし。案内の印刷物が届いたのは出発する1週間前だった。

陸奥へ

送ってきた印刷物を検討する時間もなく、引っ越しの荷物の中に入れてしまった。Dさんの雑な扱いに対してふつうのプライドがある人なら、こっちが客なのに何だ、行ってやるもんか、となるべきところ、カモられやすいカモの私は、オープニング直前で多忙を極めているのだろう、私はスタッフとして行くのだからぞんざいに扱われてもしようがない、と彼女を思いやってしまったのだ。

つくづくホンモノのバカでどうしようもないと、いま思う。豆腐に頭ぶつけて死んでしまえ、と母によく怒られたことを思い出す。

練馬を発つとき大幅に整理したはずの荷物が、浦安でのひと間暮らしのひとり暮らしにもかかわらず、1年間でジワリとぜい肉がついていた。家具は、エアコンが青森の部屋についているので買って間もないそれを、お礼を兼ねてそのまま置いてきた。

練馬から運んだ鍋類、食器、電気釜などもキッチンにそのまま置いた。家族を引きずった大きさをやめて、青森では全部ひとり用に買い替えようと覚悟したためだ。身内から離れてひとりで生き死ぬ覚悟である。

青森へは新幹線も飛行機もあると思ったものの、やはり遠い北の果てに行くんだと実感したのは、息子が家族4人でディズニーランドへ来たときだ。高校生と大学生になった東京の孫たちに、おばあちゃんと今生の別れをさせるつもりだったのかも。

私も共働き夫婦に言った。

「施設から連絡があってもいちいち来なくていいわよ。行けません、すみませんと言えばいいから」

何と冷たい息子だろうと職員らに思われたっていい。反対する息子を振りきって遠くに行くのは私の勝手なんだから。家族の心理的な距離というものに気づいたのは、東北新幹線に乗ってからだった。

新青森駅から在来線の青森行きに乗り換え、夕刻に青森駅に着いた。東京駅から新青森駅まで3時間、在来線の旧青森駅までは小1時間、ちょうど通い慣れた東京〜奈良・王寺駅と同じ時間だと自分に言い聞かせた。

タクシーで繁華街を抜け、広い国道と思わせる観光通りを突っ走り、国道バイパスに左折すると、忽然と6階建てビルの威容が姿を現した。周囲は小川の雑草が生い茂る空き地が茫洋と広がり、その先は2階建ての住宅が連なるから、灰色の6階建ての四角いビルはまさに忽然と出現したデッカイ基地のようだ。

「X青森」——フランス語だというその施設名は気取っていて覚えにくく、私はついに「バンパイヤ青森」とひそかに呼んでようやく落ち着いた。もしかするとパリの凱旋門にちなんで名付けたのかもしれないが、シャンゼリゼ通りの洒落た華やかさは探してもない。この後私は何回も迷子になったが、近隣の人々に建物名で聞いても誰も知らなかった。

迷子の原因は、歩道は住宅地だけで、施設周辺は雑草を踏みしめ駐車場を通り抜け、ガードレールをまたいで一心にバス停を目指すためだ。そのうえ買い物で遅くなるとあたりは真っ暗闇で、道を聞こうにも人っ子ひとり歩いてない。たかが7、8時の宵の口なのに。

明かりといえば、観光通りの両側にある巨大なパチンコ店だけ。不夜城のようにライトアップした派手な作りはそこだけ新宿歌舞伎町並みだが、一歩住宅地に入ると方向も定まらないほどの漆黒の闇が広がっていた。

携帯電話を持って出る習慣が身につかない私の自業自得だが、東京・吉祥寺から練馬まで深夜バスで遊んで帰れた都会の暮らしを思うと、決別したものの現実にがく然とする。地方では車がないと暮らせないというが、青森にはタクシーの流しがなく、バスは1時間に1、2本で8時台までということだとは知らなかった。

骨盤がガクガクするほど歩き回ってやっとの思いで辿り着き、理事長や職員たちに言う。

「この建物をイルミネーションで明るくすれば、施設の存在だけでなく、ご近所の犯罪防止にひと役買えるでしょうに」

誰も返事をしなかった。車で通勤する人ばかりだから、ガードレールをまたぐ必要も、暗闇での犯罪の心配もないのだった。

5月末に来て〝雪国〟を想像するのは難しかったが、雪のせいだろうと思ったのは赤信号が長いこと。信号機が壊れているのではと思うほどいつまでも変わらない。

それと、雪解けの後に乾いた土埃が煙のように車道を舞うが、6月になっても青森は積雪の後遺症があるのですか？　とドコモの店員に尋ねると、「あ、これは中国からの黄砂ですよ。雪解けの土煙は3月と4月で、5月以降は黄砂です。同じように見えるでしょう？」

おおかたの人がふつうに標準語を話すのがつまらなかった。が、市役所の後期高齢課に行って、バスの割引券かタダ券がありませんかと尋ねると、1000円を出せば市バスに1000円で乗れるサービスがありますと応対したのは、見事なロン毛とミニスカートの職員のヅーヅー弁。温もりのある方言とおしゃれなOLスタイルの落差が個性的で、思わず話し込んだ。

「気にはすてるんですけど直らないんですゥ」

私の母が「わたすよ、わたす」と言った温もりのある言葉だ。

「直さないで。青森市役所の職員サンとして大切な条件だと思いますよ」

市役所の地下にある写真店で顔写真を600円で撮ってもらい、再び後期高齢課の3階に上がっていくと、かの職員が割引券の身分証を作ってくれた。

その身分証を降車の際にいちいち見せて100円で乗らないと、青森のバスはあっという間に300円、500円と料金表が変わってしまう。

自治体のサービスは独自のルールを作っているとはいえ、浦安市は10円から100円のチケットの綴りを1年分くれた。ところが皆が愛用するのは100円のおさんぽバスで、これには補助金を出しているため右のチケットは使えず、100円コインが要る。結局チケットは使わずに捨ててしまう高齢者が多いということを、浦安市役所は知るや知らずや。

東京都は70歳以上、毎年9月に出張所に行き、納税証明書か非課税証明書を提出すると、都内のバスすべてと都営地下鉄大江戸線が非課税者は年間1000円で、課税者は2万5千円で乗り放題のカードをくれる。これは便利で使い勝手のあるサービスだった。

一般論としてだが、ローカルだから、税収が少ないから大都市よりサービスが少ない、という自治体の事情はわかるけれど、地方にいくほど高齢者が多く、行政サービスが命綱という現代の過疎化問題の不平等を、地方にいるのだからガマンしなさいでは済まないはずではないか。沖縄をはじめ地方自治体が独立国ならばガマンもできるだろうが。

Part 7

青森へ来たけれど

豹変したDさん

信じられなかった。Dさんがすっかり豹変してしまったのだ。いや、彼女だけではない。理事長のOさんも初めて見るような冷たい視線を投げかけ、他の女性職員の数人もトゲトゲしく口をきいた。

皆忙しくて疲れているのだろう——。

私は硬い空気に気づかぬ振りをし、Dさんに部屋の鍵をもらいつつ確認した。

「私がお願いした6階の角の部屋ですね」

Dさんがシラッと言った。

「あ、あの部屋は門野さんの前に申し込んでいた人がいたんだわ。もう入所してしまったし」

(ウソつけ。４月中旬前に申し込めるはずがない)

「そういう途中で変更があったことなどを、どうして知らせてくれなかったの？　私が連絡してって何回もあなたに言ったのは、入所に関しての情報をできるだけ受けて、青森にくるか否かを判断したかったからよ」

Dさんは聞いてなかった。ベッドに腰かけた私の前で仁王立ちになり、両手を振り回してまくし立てた。実に堂々としていた。

「絵や写真を飾ったりすると壁や柱を傷つけるのでやめてください。もし傷つけたり汚したりしたら、出て行くときに敷金から引きますよ」

私はムッとして言った。

「ホテルに泊まるんじゃない。人間の生活する場として作った施設でしょう。絵も写真も飾れない、料理する匂いも広がらない部屋なんて人の暮らしとはいえないわ」

「だから飾ってもいいですよ。傷、破損があれば、敷金から引くって言ったんです」

「補助金がらみの建物だから6万円ちょっとの家賃のほかは要らないのよって、あなたが2月に言ったこと覚えている？　私も額面通り信じるガキじゃないけど、だからこそ情報を小マメに送る義務があなたにあったのよ」

「ここは高齢者の施設ではなく、民間がやっている賃貸マンションと同じです。民間はお年寄りに貸さないけど、国土交通省が補助金を出すことでお年寄りにも貸せるマンションができたんです。入所金は要らないけど、敷金が家賃の3カ月分必要です」

都合のいいときだけ「民間」を引き合いに出し、宣伝には「親かた日の丸」を強調するDさんに私は抗議した。

「ということを4月にわざわざ下見に来たときに説明して欲しかったわ。いくら忙しくても誠意の問題で、これでは説明責任の不履行になりますよ」
Dさんは不敵な笑みを返しただけだった。

私にはどうにも不可解だった。そんなに私を入所させたくないならば、浦安で私が青森行きを打診した段階から、県外の人は入れませんとか、都会の人が雪国で暮らすのはとても無理とかの口実をつけて、断ればよかったまでの話だ。

いくら日本人でもなぜイエス・ノーをはっきり言わないのか、言えないのか、こんな疑心暗鬼状態を作って何のメリットがあるのだろうと、客商売には違いない福祉畑の人の無神経さに開いた口がふさがらない。

昨今、東京では役所・施設関係の職員らは、気持ち悪いほど低姿勢でサービスに努める様が一般化している。たとえ面従腹背であっても、役人面でいばられるよりよほどいい。

そう、Dさんらはまるでかつてのお役人のごとく、居丈高に見えたのだ。国家権力と結びついた鼻息の荒さを彷彿とさせるほど、枯れかけた根っこを引き抜いて終の住処を求めて来た私に対してぞんざいだった。

「門野さんは入所判定会議で毎回問題になっていたのを、Y先生のご紹介だからと私が押し切ってやったんだから」

何だ、これは……。ビンボーな年寄りをお情けで入れてやったんだ、と恩きせがましい。貧乏人は入れないとはっきり言えば、私しゃ青森くんだりまで来なかった。

私が入所の書類として提出した経済状態は、既述したように100歳までは細々と自立できる貯えと、生活費の銀行預金、この2点を残高証明が必要との要請に沿って提出。もし預金がなくなったらアメリカの口座からドルを運ぶ、とは浦安でDさんに幾度か言ったが、残高証明を出せといわれるのが面倒で書類には書かなかった。

この私の経済事情を貧しいと見るかコガネ持ちと見るかは、何を基準にするかで見かたが異なってくるだろうが、判定会議では問題視されたという。いったいこの「X青森」に入れる人とは、青森のどんな金持ちなんだろうと恐ろしくなる。

国税を使ってまでそのような「高級マンション」を作った意図がわからない。東京の大病院が建てたようなハイクラスの施設に似せて、大理石などをふんだんに使い、機械設備もハイテクを駆使したといった億ションではなく、実物はふつうの新築マンションであり、費用も全部で月20万円前後といったふつうクラスなのに。

つまり建物の高級化ではなく、入居者のハイクラスを狙ったのかもしれないが、64世帯分のマンションに入所したのは1割にも満たないごく普通の人々だと後日判明する。

入所の資格については、驚いたことに保証人の財産まで明記とその証明をさせようとした。私は緊急連絡や保証人として東京在住の息子の氏名を記し、契約書の記入・捺印を彼にもさせたけれども、息子の財産が何がどのくらいあるのか知らないし、親といえども聞いてはいけないことだと抗議文を付けた。これは息子のプライバシーの権利を侵す違法であると。

それ以上言ってきたら帰京しようと考えた。大きな事業をやっている人たちが、管理・保護すべき対象に対しては人権意識が杜撰なのだということがよくわかった。世界が狭くて、もまれていないのだろう。言ったことに責任を持つナンテコトも彼女らには無理なのかも。いや、いや、彼女たちは忙しいのだ。超多忙なのだ。

娘の電話に思わずボヤいた。

「何だか浦安のときと全然Dさんらの態度が違うの。帰ろうかな」

娘は爆笑した。

「甘言に乗せられて行ったあなたがバカなのよ。スタッフとして迎えたいナンテ嘘に決まってるじゃん」

私はいいトシこいてそんなに人を見る目がないのだろうか。

いや、私を青森まで駆り立てたものは何か理由があるはずだ。それに気づいてないだけか、あるいは何かを見るためなのか？

「青森へ行ったけど、職員がつっけんどんなので帰ってきたわ」では、子どもの使いじゃあるまいし、ホンモノのバカにウルトラがつく。

オープンして半月ほど経っても、1階のロビーもホールも深閑としていた。私がスーパーの買い物を両手にぶら下げて帰ってくると、珍しく理事長のOさんに呼び止められた。

「自分で食事作ってるの？」

「ええ、私は好き嫌いが多いから。ここへ来てお鍋もフライパンも全部1人用のを揃えましたよ。ままごとみたいで楽しいわ」

「ここのレストランも美味しいって評判ですよ。ぜひ食べてみてください」

Oさんは食堂前のお茶のサービス台からコーヒーをふるまってくれる。

「毎日お忙しくて大変でしょう」

私の社交辞令に彼女は相好を崩した。

「ええ、まだ正面玄関など完成してませんし、マスコミの取材だけでもうクタクタ」

おー、おー、〝日本丸〟をひとりで運転しているようなオジサンたちと同じじゃないか。

「門野さんに言っておきたいことがあるんです。私たちはY先生を本当に心から信頼しています。その先生のご紹介ということで門野さんを入れたんですから、そのことをしっかり自覚してほしいんですね」

何だ、これは……。入れてやったんだから黙って従え、とやっぱり恩にきせている。だがOさんらをYに紹介してもらったのは浦安の段階であって、「X青森」に入るための身元保証人や入所許可を彼に頼んだり、計らってもらっていない。私は独立した社会人として来たのだ。

「Y先生」で私を抑えつけ操ろうとする彼女のコンタンがおかしかった。私にとってはY先生ではなく、古い友人にすぎない。この件は折を見て彼に直接念を押そうと思った。

私の部屋は6階の真ん中の1LDKで、家賃7万4100円、共益費1万8500円、生活支援サービス1万円が基本で合計10万2600円。これに敷金22万2300円と5月末に行った5日分を日割りで加算されたのが当初に請求された費用だった。

つまりDさんが浦安で私に言った費用とそう大きくズレていない。困るのは私が「Y先生の紹介」であるがために、彼女らは都合よく「スタッフ論」で私を仲間視させてないがしろにし、都合よく私を宣伝に利用したらしいこと。Yの紹介を逆手に取られた格好だ。

3、6階が自立した高齢者向けで1LDKと2LDKの計19戸、家賃も最高14万800円。その6階の左隣に入った私より若い女性が職員に私の経歴を聞いたと、うれしげにすがりついてきた。（おそらく）息子たちがカネを出し、（おそらく）有無を言わさず連れて来られた独居部屋かも。どんなにピカピカでも心細いだろう。しばらく私から離れなかった。

その左隣が角部屋のリッチな80代。部屋の模様を見せてもらったがそう富裕層風でもなく、ゆとりのある静かなひとり暮らしといった元キャリアウーマン。つまり6階には6月半ば以降も3人の単身女性しかおらず、昼も夜もシーンとしていた。

各部屋の風呂の入り口に洗濯機の置き場があるが、ベランダなどの干し場はない。浴室とトイレの空間に物干し竿を渡すと、〝万国旗〟を翻させる日本のアパート暮らしの光景から、高級マンションを作ったはずの人たちが一歩も出てないことがわかる。たぶん生活をしてない（生活できない）男が設計したのだろうが、自立型態勢にはほど遠い。

いまどき集合住宅ならば、共同の洗濯室に乾燥機と洗濯機がズラリと並んでいるか、日本ならばマンションの各ベランダに洗濯物や布団を干せるのが当たり前。

集合住宅に入るメリットは他者と共有できる場所やマシーンがあることだが、ここはホテルのように入所者が各々切り離されていた。生活支援サービス1万円とうたいながら、生活ができるように支援してくれないオソマツ。大世帯を回していくにはシステム化が不可欠なのに。

物価の安い青森

生活のシステム化とは、日常的な人間の暮らしを効率よく清潔に公害を出さないように省エネになど、地域コミュニティーを安全に維持していく仕組みを創ることである。

生活汚水の管理はむろんのこと、ゴミを仕分けて捨てる方法も行政に協力して（理不尽な部分もあるが）回していかないと、ゴミの島になってしまう。

「X青森」はゴミの生活支援サービスをどのようにしてくれたか。

生ゴミは朝8時30分までに、隣接した町内会の網をかぶせた道端に捨てるように言われた。指定日に数回それをやると町内会から文句が出たらしく（何と、コミュニティー参入に〝仁義〟を切らずに黙って捨てたのか？）、職員が各部屋の前まで取りに来ると言う。

私はゴミを取りにきた若手の女性職員に言った。

「これだけの集合住宅を作りながらダスターシュートがないとは、ホテルじゃあるまいし。部屋の前までゴミを取りにくるとは大変ね」

職員は教えられた通りに答える。たぶん。

「ゴミを集めに来るのは入居者様の無事を確認する意味もあるので、無駄ではありません」

「えっ、私のようにゴミを毎回出さない人はどう確認するの？　朝から部屋に入ってきて生死を確認するんですか」

北欧のようにセンターの水量メーターが長時間動かない部屋には、「無事を確認」に行くのが生活支援であり生命の支援といえる。1万円は要らない。さらに、ひとりで倒れたときはアラーム・ブレスレット（腕時計のように手につけている）を押すと、センターに通じる安心があった。

さて、6階では誰もゴミを廊下に出さないので、1階の裏玄関に持っていった。すると別の職員が6階に上がって来た。

「ゴミは1階裏玄関の端にダンボールが置いてありますので、そこへ――」

「わざわざ6階へ来て言わないで、『ゴミ置き場』と貼り紙すればすむことでしょう」

「そういう貼り紙は見栄えが悪いので」

「誰のための施設なのよ。あなたたちのために入所者がいるんじゃない。生きている人間が生活している場所なのよ。入所者を最優先にもっとスマートなシステムを考えなさい」

その職員が泣いた、と後で理事長に聞いた。何だ、ここは？　幼稚園か？　まるで素人のお遊び集団のようなたどたどしさは職員ばかりではなかった。

道なき道をななめに10分も歩くと、広いショッピングセンターの一角が観光通りに面している。その入り口にマックスバリューという大型スーパーがあった。魚も野菜も浦安市よりさらに安く豊富でワクワクしてくる。名前も知らない魚を片っ端から調理法まで聞いて食べようと、地方に来た喜びを噛みしめる私。

と、年輩の恰幅のいい男性に呼び止められた。浦安で一度会ったことのある法人Z会の理事であり、O理事長の兄らしい。

私の娘が米・西海岸にいることを導入にして、アメリカ各地を豪遊した彼が、何が美味しかったのどこが美味しかったのと食べ物談義を繰り広げた。立ったままで。

「ところでうちのレストランもなかなか美味しいですよ。門野さんはレストランを利用しないのですか」

おいでなすった。彼らの傘下として承認されるためには、同じものを食べて同じ行動をする従順な子羊でなければならない——日本の教育が血道をあげた一斉教育は、半世紀余を経て社会の隅々にまで、人の心の微妙な襞にまで〝日本人らしさ〟を刻印させたようだ。

「私が青森に来て驚いているのは物価の安いことで、東京では考えられません。でもここのレストランは朝食500円、昼食800円、夕食850円で高いと思います。3食続けて食べれば月4万5000円だそうですが、こんな豊富な食材を前に全食委ねることはもったいない。もっとからだが悪くなったら利用しますけど」

すると、彼は何と言ったか。

「いやー、僕はいま、毎夕食にワインを1杯つけようかどうか検討中なんですよ」

あーあ、何をか言わんや。

「この世をばわが世とぞ思う望月の欠けたることのなしと思えば（菅原道真）」を、彼の鼻息で思い出した。

某ジャーナリスト曰く、「権力と結びつくと男も女も例外なく変わりますよ」

青森市役所の温かい支援

いくらバカでも自分が情けない。Dさんが豹変したからといって、Dさん頼みで私の陸奥への夢も計画もポシャってしまうのか。夢に向かう道は1本ではない。「X青森」で、私の力だけで彼女が共鳴したバーチャルを具体化し、彼女に見せよう。ただのホラ吹きでなく、実現化する下地もキャリアもあることを､彼女に見せよう。そのくらいの意地があるはずだ。

その一方、施設の外に飛び出して、行政の公民館などの生涯教育に根を下ろせば、Dさんらの意地悪など私の夢に関係なくなる。

私はようやくショックから立ち直り、浦安でやったように図書館、市民センター、青森県長寿社会振興センター、青森県発達障がい者支援センターなどに挨拶して回った。

拙著を名刺がわりに差し出しながら、終の住処を青森に定めたので、「エッセー教室」や「おしゃべりサロン」の講座化や、学校教育・社会教育で講演ができるように力を貸していただきたいと頼み込む。足腰がガタガタいうほど歩き回った。私は、老いた私を諦めることができない――。

意外なことが起こった。友人・知人がひとりもいない青森なのに、応対してくれた女性職員や中から出てきた男性係長や課長たちが「本当に門野さんですか」「信じられない。作家のかたに会ったのは初めてです」「いやー、びっくりしました」などと温かく迎えてくれたのだ。

浦安では中央図書館の職員と日の出公民館の館長以外は、Nさんの熱意にもかかわらず「あんた、誰？」という応対もあったので、青森の役所の人たちの温かい興味関心には涙が出るほどうれしかった。

長寿社会振興センターの係長はカウンターに並んでいるチラシを指しながら、「原稿ができたらどうぞ持ってきてください。こちらでカラー印刷してカウンターに並べますから」と、文字通りの〝支援〟をしてくれるのには本当に目頭がウルウルしてきた。

この数日前、移転通知の手紙を書いた私は、コピー用紙を抱えてDさんにコピー機を貸し

てほしいと頼んだら、彼女曰く、

「コンビニで印刷してきてください。門野さんにそれを許したら、私も私もと皆がやり出してコピー機が壊れてしまうでしょ！」
5、6人の入所者しかいないのに「私も私も」とは笑わせる。大きなふくよかなからだの持主が、信じ難いほどチマチマと細かいことや細かい金銭を要求しだしたのは、入所者が入らないためイライラしているせいか。
「コピー用紙を持ってきても、印刷するにはインク代もかかるんだってば！　コンビニに行くのが嫌なら私がやってきてあげようか。1枚10円だべ」

いやー、たまげた。閉ざされた空間で人は怪しくなる。培養される狂気に巻き込まれないように、〝私〟の目的や世界に立ち戻らなければ、と私は踏んばった。

「Dさん、はっきりさせましょう。私をスタッフとして迎えたいと言ったのはあなたよ。それで私は、X青森の、さしあたって私は広報宣伝係ね、と言ったら、あなたはそうだと喜んだのよ。ここへ来て現実の状態を知ったから、お互いに楽しい夢を語りあったでよしとしましょう。でも時間をかけて実現させていくことは忘れないでほしい」

ついに彼女は本音を吐いた。

「何かやることはけっこうだけど、会場の使用料をもらわないとね。ほかの入所者もいけばな教室をやりたいとかボランティアの人がいっぱい出てくると、不公平になるべえ」

「どこにいっぱいいるのよ。使用料なんていま初めて聞いたわ。ここの施設の特色のプラスアルファとして事業化すると何度も話しあったのに、初めから私をボランティアで遊ばせてやると思っていたわけ？」

「んだ」

彼女を思いきりひっぱたいてやろうと思った。人としてもの書きとしてこんな侮辱を受けたのは初めてだ。彼女に飛びかかっていって挑発し、警察を呼んで、職員が年寄りにＤ・Ｖしたと事件を作る。私にもそのくらいの芸当はできるぞ。

しかし、まあねえ、バカでもアホでも〝婆あの品格〟というものがある。私はまだ見るべきものも見ていない、とこらえた。ここでキレたら、Ｄさんと私の〝子どもの喧嘩〟で終わってしまう。

バレリーナＪさんとの出会い

「おばあさんのバレエ教室」は美しい音楽でバレエの基本を組み合わせ、いくつかバージョンを創れば、各自の部屋でも公民館でも「Ｘ」のホールでも、ひとりでも何人でも、楽しくトレーニングすることができる。

Dさんに浦安のころからホールにバー（手すり）をつけてほしいと頼んでいたが、いっこうにその気配はなかった。会場の使用料も欲しかろうが、バーにカネをかけてまでそれは望まないようだ。ちょうど面倒な門野など追い出したいが、5、6人の入所者の現実では話題性としても員数に置いておきたい、というようなところかも。

私は市内のバレエスタジオを調べ、なるべく近い場所を2つ選んだ。最初にかけた電話に出たのは、60代のスタジオ主宰のおつれあいさん。厚かましいお願いだけどコレコレシカジカ、初期だけでも力になってほしい、と話すと、気さくに応じて曰く、

「女房が喜びそうなお話ですが、彼女はいま足をくじいてしまって踊れないんです。数カ月先にまだ決まらなかったら、また電話してみてください」

青森の人は皆親切ね、と私は当てつけがましくDさんとの立ち話で、長寿社会振興センターの係長やバレエスタジオのおつれあいのことを話すと、彼女は冷笑と共に言った。

「当たり前だっぺ。係長がすると言う印刷は私たちの税金でやるんだから、いくらだっていい顔できるべえ」

彼女には高齢者振興の係長でありサービスだということが、少しも入っていかない。どういう生きかたをしようが自由だが、人生の終着駅で不安な日々を送る年寄り相手の仕事は辞

めろ、と言いたかったが、同じ穴のムジナが大勢いるだろう世界では話にならない。

後日、某福祉関係者が「福祉の世界は、年寄りおだててナンボが仕事なのよ。〝〇〇さん、今日はいい顔色ですね〟と言うのと同じよ」と言ったが、いまや法人も行政も企業も医療も年寄りをターゲットにする恐ろしい時代になった。

「どこもかしこもカネを持っていそうな年寄りを狙う利権集団、海賊集団だよ」と言うジャーナリストもいる。Dさんは私をおだてて〝仕事〟をひとつ果たしただけだから、彼女のプロ意識としては何ら恥じるところはないのだろう。たぶん。


さて、もうひとつのバレエスタジオに電話をかけ、趣旨を話すと、主宰者のJさん（50代はじめ）の開口一番。

「おもしろそう……」

数日後、近いからと愛車を駆って「X青森」へ現れた。やや小柄なJさんはまさにプリマと呼びたいような、洗練された美しさが全身から滲み出ている女《ひと》だった。彼女の静謐なたたずまいはローカルな純朴さとは少し違う、アーティストの凛とした清々しさを内包していた。

それも道理で、大学進学で上京して以来、東京のバレエ団で古典からモダン、ジャズダンスとダンスひと筋の人生を生きたと聞いて、その輝きと厳しさを映画の中でしか知らない私は目まいを覚えるほど衝撃を受ける。

結婚も出産もせずにわが道をひた走った女《ひと》の、羨ましいような生きたモデルが私の目の前に現れたのだ。日本の女のステレオタイプを歩まぬゆえに、人々の罵詈雑言を浴びたやも知れぬ茨の道は、決して楽なものではなかったろうと思う。この国はアーティストに対するリスペクト（尊敬）が希薄だから、食べていくのが大変な世界だ。

パーフェクトな人生はない。家事・育児に追い立てられる女の一生も、血の涙を「赤い靴」に染めて踊り続ける一生も、悲喜こもごもは当然にしろ、自分で選んだ道を生きられる幸せに後悔はあるまい。

Jさんが青森に戻ったのは、近未来の両親の老後が心配なため帰って来たとのことに、あれっ、ここからは日本の女の自己犠牲を伴う親孝行かと早合点した私。結局は女ゆえに家族介護に組み込まれがちな、日本人から拍手喝采を浴びる女の宿命のフィナーレかと。

どっこい、彼女はそうならなかった。老親の日常を助力しつつ近くに稽古場を作り、子どもから大人まで、バレエを教えだした。どこまでもゴーイング・マイ・ウェイのステキな女性は、年齢不詳の、少女がそのままスイッと大人になったようなさわやかさ。

そういうJさんに、「X青森」に来た私の夢が消えかかっている理由は詳しく話せなかった。そもそも私の企画は、雪国での年寄りの運動不足解消のために、バレエ界を引退した老いた元バレリーナか、私のように下手な横好きで夢を引きずっている素人の、私よりはマシなおばあさんを求めたのに、現役のバレリーナが手伝ってくれると言う。

私はJさんに稽古場になるはずのホールとDさんを紹介し、もう逃げられないぞとDさんにアピールしたつもり。Dさんは愛想よくJさんと話した。決してノーと言わない愛想のよさは、バーの代わりにリハビリ用の平行棒でいいんじゃないかと言い出した。

「私だっていろいろと考えているんだ」とイバる。

その場しのぎのネゴトは無視し、Jさんの稽古場を見せてもらいに行った。広い清潔なスタジオに高低2段構えのバー、部屋いっぱいの大鏡などなどパーフェクトだ。きりきりと身のひきしまる稽古場に立つと脚が震えた。

そうだ、つまらない闘いをやってないで、私がここに通えばいいんだ――。

Jさんが、お弟子さんの中で、足もろくに前に出ない70代のおばあさんがリハビリにバレエを踊ってますよ、と言ったとき、私は決めた。彼女なら踊りたい人間の（動物の、かも）本能を、どんな状態でも受け止めてくれそうだと確信できた。

ようやく文科省もそれに気がついたか、学校教育にダンスを取り入れたと聞く。ここ数年、ローザンヌバレエコンクールで日本の高校生男女が優勝を独占するニュースに、背中を押されたのかもしれない。

わが家でも娘はサンフランシスコのバレエスタジオで、週2回の中級クラスを楽しんでいる。

娘が送ってきた写真に、街の中でインストラクターの真ん前でズンバを踊る、エリックの〝勇姿〟があった。他者の模倣を苦手とするオーティズムっ子が、インストラクターに合わせて全身をリズムに乗せているのだ。その開いた長い両脚、次の動きに構えるしなやかな上半身、気持ちよさそうに微笑んだ顔つき——ダンスはまさにからだと心を解き放ち、いのちを躍動させる神の贈り物だと思う。

Part 8

青森のリベラルな風

カモられやすい単細胞

私は男女を問わず、わりと運命的な出会いをすることが多い。そういうアツいご縁に助けられ支えられて徒手空拳の世間知らずが、著述業などと自称して食い繋いでこられた厚かましさがある。

特に仕事の面では、私には〝運命的な出会い〟であっても、編集者、新聞記者、テレビ関係などプロさん男女はわりに親切な人が多いため、「仕様がねえな、この世間知らずのじゃじゃ馬は」とへきえきしながら面倒見てくれたというほうが正しいかも。

仕事と直接関係ない友人の出会いでも、運命的な奇跡的な関係に助けられた経験がままあるため、人を信じやすく親しくなりやすい甘チャン人生になったと、自分のバカっぷりを他者のせいにする。

つまりオメデタイ単細胞は他人にすぐ見抜かれるから、腹にイチモツある人は引っかけやすい相手には違いない。銀行のポスターには振りこめ詐欺の被害が1日に30件、1億3千万円、とある。被害者の中には私同様のカモられやすい単細胞が相当数いると思うが、気をつけろと言われても、これはもう性格なのでどうしようもないのだ。

だがそれゆえに〝運命的な出会い〟をするときがある。相手も同類か、人をたばかって楽しむ悪意がない人か、面倒見のいい人か、状況によってさまざまだろうが、私が本当に困ったときにヒョイと救い上げてくれる人が現れるのが不思議だ。

友情の深さとか長さは関係なく、Jさんのように会ったばかりの人もいる。私が困った問題に長けている人が力を貸してくれることもある。誰もが人間関係を財産として築き上げているだろうと思うけれど、〝間のいい出会い〟に助けられる私を見て、どうして？ と不思議がる友人も少なくない。

結局Jさんとは師弟関係を一度も実現させることなく、ミハイル・バリシニコフやブロードウェイ・ミュージカルの話題で楽しいときを過ごすなど、彼女の貴重な時間を3回ほど掠め取っただけで、（ナーンダ、変な人）と思われる行きずりの人で終わるところだった。

ところがこの後Jさんは、バレエとはまったく関係なく私の進退極まった状況を、たったひとりで助けてくれるのである。知己のひとりとていない土地で精神的に追いつめられ、過呼吸症にあえぐ夜を重ねるようになった私は、Jさんの支援がなければもうこの世にいなかったかもしれない。

入所半月ほど後に、入所契約書を書かされるため会議室に呼ばれた。ナントカの資格を有しているという職員の男女各1名が、机をはさんで私と対するが、そのすぐ左側のテーブルに理事長やDさんら法人Z会の幹部らしき男女5、6人が、私とのやり取りに聞き耳を立てている非常識。

多勢に無勢、このものものしい力関係のシチュエーション自体が異様な光景であり、弱者の人権を抑圧する違法行為だと、福祉の「専門家」らは気づかない。この状態ならば私は弁護士同伴でのぞむ権利があったが、もちろん事前に何も知らされていない。

ふつう契約書を〝交わす〟とは、双方が対等の立場で契約内容を吟味し納得した上で交わす、法的な約束事である。相手には事前にわずかな断片的な情報しか与えぬまま、ナントカ資格の男女がいきなり契約事項を早口で長々と読み上げ、署名捺印をせまる。裁判になったら圧倒的有利で闘える強者の準備ともいえる。

「いいですか」と首根っこ押さえられて迫られても、何だかよくわからない。わからないままに署名捺印してしまう。詐欺の常套手段だ。「ノー」と言いたいが、どこがどう許容できないのか、おかしいのかと言ったら、シチュエーション自体全部だから、契約が不成立で終わるだけの話である。

だが早々と入り口で「お帰りください」となるよりは、中に入って魑魅魍魎どもを見なければと、グッと我慢して3通も署名捺印した。

ほかの入所者にも同じように強引にやっているのだろうか。東京でマンションを購入したときも売るときも、こんなにえげつなくなかったのは何でだろう。そうだ、国家権力を盾にしてなかったからかもしれない。権力という鎧をまとい、10億円以上の事業をする側にとっては、月20万円前後のカネを支払う年寄りなんぞ虫ケラのように見えるのかも。

6階の窓際にグリーンの屏風のように広がるナイスビューは、美しい八甲田山。ウェディングドレスのような裾野への広がりに5色のスポットライトが当たるごとく、陽光の移ろいにつれて日に幾度もお色直しを見せる豪華な八甲田ショーは、人間世界の滑稽さを吹き飛ばして余りある。

山の頂きを、中腹を、青森空港に発着する飛行機が音もなく小粒の機体を光らせると、あれに乗ればアメリカへ行けるんだと気持ちが安らぐ。実際は青森からはソウルのインチョン空港でサンフランシスコ行きに乗り換えねばならないが、当地とかの地を直線で結ぶ〝鉛色の糸〟に思えて笑みがこぼれてくる。

飛行機だけではなかった。青森駅でバスを乗り換え、繁華街から郊外の家具専門店を目指すと、広い国道の両側には2、3階建ての小さなビルがぎっしりとどこまでも連なる。

それらの商店よりはるかに高く看板がそびえているショッピングセンターだが、何と看板は「トイザらス」とか「アウトレット」とかメード　イン　USAばかり。広い国道を遠慮なくぶっ飛ばす車の数々、見慣れた看板の文字、土地の余裕があるためかエンドレスで並ぶ低い建物――まさしくここはアメリカだった。それもバークレーやヘイワードの郊外に延々と連なるショッピングセンターの。

私は部屋に合わせて机、書棚、ダイニングテーブルセット、クローゼットなどを買いに、郊外の大型家具店に数回足を運んだ。驚いたことに「イトーヨーカドー」終点の買い物バスは駅からノンストップ。家具店は以前はヨーカドーの中にあったのが、独立して大型店を開店したそうだが、そこへ行くバスはないとすましているヨーカドーと家具店。

市営バス停の時間を見たら朝夕1回こっきりで昼間はない。タクシーに乗れと言わんばかりだが、あっと言う間に5、6千円にもなるから、大型家具店に安価な家具を買いに来たのに高い買い物になってしまう。だが、バスの便のいい繁華街で高い家具を買おうとしても、雑貨程度の店しかなくて選べないのだ。

結局ヨーカドーから家具店までバスで来た道を歩いて戻るしかなかった。バス停にすると3、4停留所くらいあるだろうか。またまた骨盤がギシギシいうほど歩き、家具店に着いてまたまた驚いた。新学期はとうに終わった平日なのに、競争店のない独占企業らしく客がごった返している。

が、驚いたのは客の多さではない。家具のデザインが、バークレーの家具デパート「IKEA（アイケア）」の商品によく似ているのである。提携しているのならそういうこともあるだろうが、提携先はアメリカなのか本社のスウェーデンなのか。いや、そもそも提携しているのかいないのか、私はドキドキしてしまった。

それを究明するには骨盤が悲鳴を上げていた。私は孫のジェニファーのクローゼットとそっくりな（もちろん彼女のはバークレーのIKEAで購入した）クローゼットをはじめ、注文が多く製造が追いつかないという家具を申し込むうち、閉店時間で外は真っ暗になり、タクシーを呼んでもらうしかなかった。

このように地方都市のデメリットのほうを多く体験する日もあったが、八甲田山を背景に日一日と整っていくひとり暮らしの部屋に、やはりここに落ち着こうという気になってくる。別に虐待されているわけじゃないし、足りない部分は自分で埋めればいいだけだ、と思い直していた。

青森富裕層の「ノアの方舟」か？

青森は有名な温泉地なのに、施設の共同浴場はカルシウムなど薬剤を入れた薬湯だった。

6階最上階のそれは角部屋を左折して数部屋先に、小型の家族風呂とその隣に大浴場があるが、さほど大きくない。

共同住宅のルールは、1歩部屋を出たら公道と同じ心がまえが必要だが、大浴場は何時に行っても誰もいなかった。湯上がりにパジャマでない衣服を着るのが億劫な私は、そのうちハダカでバスタオルを巻いたまま、廊下を走って帰るようになる。誰かに会ったらひたすら謝ろうと思いつつ、ストリーキングまがいのスリルはたまらない。

共同浴場は他の階にもあるらしいからこんなに空いているのだろうと思ったが、ある夜珍しく小柄なお婆さんがひとり、からだを洗っていた。私は挨拶して、何階にお住まいですか？と聞いた。

「2階です」

2階は介護が必要な人のシェアハウスタイプで、浴室やキッチンが共同。家賃が4万円余というのが魅力だが、要介護でないために私は諦めていた。が、入浴している彼女はどこも悪いところはなさそうだ。

「2階には何人くらい入っているのですか」

「私ひとりですよ」

「……」

この静けさは私の錯覚ではなかった。マスメディアを駆使して宣伝しているだろうに、そのうえ過疎地で高齢化率も高いだろうに、国のテコ入れで建てた過疎地対策でもあるはずが、人気がないとはどうしてだろう。

某メディア関係者が話してくれた。

「青森県は県民所得が下から3番目という貧しい県なんです。食材が豊富に獲れるためにそれなりのものは食していますが、昔からほとんど物々交換で、所得はわずかの人が圧倒的に多いんですよ」

彼の発言を裏付けする人と、3カ月後に電話で話すことになる。私がバークレーから後述する熱海に帰国した9月末に、いつも航空券を頼む旅行業者の係が変わって、青森から来た女性になった。彼女は故郷にいる老親が気がかりだと言う。私は青森から脱走してきたところだと話し、ご両親を「X青森」に入れないんですか、と聞いてみた。

「とてもとてもあそこは高くて、うちなんか入れません。門野さん、あそこに入っていらしたんですか。さすがですねえ」

八戸出身の友人にも「晴子さん、あそこへ入りに行くの？　さすがだわねえ」と言われたし、そうか、青森の人々はあの建物をそのように見ていたのか。私の直観はひねくれていたのではなかった。あれは東北の富裕層を乗せる「ノアの方舟」なのだ！　だから私の感性が馴染めなかったのだ、とナットク。

一方で、青森市内の旅行業者の人はこう語った。

「うちは先祖代々の不動産があるので、それを売って老親を入れようと考えていたの。ところができた建物名が『X青森』でしょう。フランス語で〝清い風〟の意味だって、何を気取ってるのよ。地域の土着の人たちとあまりに感覚が違いすぎる。内容も足が地に着いてないいんじゃないかと、ネーミングから信用できなくなった。いつもシャンソンがなっていたりして、そんな粋なギャルソン社員がいるわけ？」

一般市民の感覚は鋭い。

一方、わずか1カ月住んだだけだが、青森市の印象はとてもリベラルで、私はその空気を感受していた。

バスに乗れば、バス停のネーミングに「働く女性の家前」というのがあったり、アナウンスのコマーシャルには「長時間労働、パワハラ、解雇などで困っているかたは、電話○○番へご相談ください」とか、「暴力団追放」のリズミカルなCMとか、人々の暮らしに密着した生きた情報がとても新鮮。コピーライターのセンスもいいし、関係者がアタマを使っているのがわかって何度聞いてもいい。

もっとも好印象なのは、私が歩いた浦安市、青森市、そして只今現在の熱海市の市庁舎が3つとも古い木造でガタがきていて、そのうえ建物がいくつもに分かれていて、あっちへ行けこっちへ行けと振り回され、あっちもこっちも修繕中が多いから住民はブータレているかも。が、それゆえ練馬区の270億円（箱だけで）もかけた区庁舎を建てることなく税金を浮かしているのだ。練馬のそれは総額500億円といわれた庁舎である。

『老親介護で力尽きるまえに』（門野晴子著　1995年学陽書房刊）から抜粋

♡西新宿にそびえ立つ東京都庁舎、東京23区中もっとも立派な練馬区庁舎――こんなに豪華で巨大な役所を建てるほど、都民や区民は豊かな暮らしをしているのだろうか。

（筆者・当時、北欧3カ国の取材に出かけるが、旅のオマケにフランスへ寄ると、パリの獄舎バスチーユの外観が都庁舎に似ていて爆笑したものだ）。

♡近所のオジサン曰く、

「オレたちが区役所に行くのは年に1、2回、時間にして20～30分だよ。区長や役人が快適に過ごすために豪勢な庁舎を建てるこたあねえんだ。第一、オレたちに建てててもいいですかって一度でも聞いたかい？」

近所のオバサン曰く、

「新庁舎の区長室に車椅子の人が入っていったらね、2センチもある厚いじゅうたんに車椅子が沈んじゃって動かなかったんだってさ」

ことほどさように評判が悪い。


♡94年にオープンした練馬区庁舎は、地上21階、地下3階、高さ94メートル、屋上にはヘリポート、ホテルと結ぶスカイウェイ等々。住民の怒りのテンションは高かったが、建てたもん勝ち。ただし役所として機能するのは5階までらしい。あとは会議室だそうだが、省エネでいつも真っ暗。

ヘリポートは、はしご車が届かないため消防隊がヘリコプターで来て、消火活動をするのが目的だという。5階で止めておけばはしご車が届いたのに。で、一説によると、ヘリポートは非常時に区長と側近が逃げ出すための逃避手段だとささやかれた。

つまりヘリポートを作るために21階建てが必要だった。作ってしまったものは仕方がない。庁舎が住民のものならば、6階から上の眠っている会議室を全部、特養老人ホームなどに改造してほしいと有志で請願書を出した。

あれから20年、ウンでもなければスンでもない。

木造のガタピシ庁舎を未だ使っている自治体の住民は、税金がどんなに助かっているかを考えるべきだ。ただし浦安市は2年後に新築すると言っていた。リッチな自治体だもんね。旧江戸川をはさんで、東京都庁を見下ろすような高い庁舎を建てるかもよ。

バークレーでは街の小さな郵便局を建て替えようとしたところ、歴史的な古い建造物だから立て替えノーと署名活動が起こった。どんな街角でもスーパーの出入り口でも、実に小マメに老若男女が署名を集めていた。

小さなできごとの小さな善意の積み重ねこそ、アメリカンデモクラシーの原動力だということを実感したひととき。あれからいつ渡米しても郵便局は一部リフォームして当時のままである。

さて、日本のデモクラシーは風前のともしびだが、青森駅前で買い物をしていると、反原発のデモが通りかかった。前述したように青森はリベラルを感じることが多いので、その50人ほどの市民デモに加わって、街はずれまで歩いているうちに元気が出てきた。青森市原水爆禁止の会主宰で、北海道〜青森県の引継集会だという。

待てよ、東京だって霞が関まで行けば、連日のように反原発をやっているリベラルな街なのだ。行かない私が悪いだけの話だが、東京はデッカすぎて小さな善意や小さな意志が感じ難く、バスのアナウンスも不動産や有名病院のＣＭだけでハートも工夫もない。

替わりに超保守主義というべきどんよりとした空気が覆っていて、小から大（マスコミ）までの改憲情報や軍備を待ちのぞむ声を聞かない日はなく、テレビのニュースを観るのが怖い（２０１５年夏の安保法案に反対する国会周辺12万人の集会・デモの1年前のことだ）。

その右傾化風が全国に吹き荒れているのは事実だろうから、最初からある諦観を抱いて新天地に踏み入った私でもあった。

奈良・斑鳩の里へヨメとして赴いたとき、町内会の男どもが、中国で何人人を殺してきたと殺害のノウハウともども自慢げに語るのに、生きるとはこういう恥辱の淵に身を押し込めることなのかと呻いた。

７年後に離婚してムラ社会から帰京したが、バブルが去ると、東京も徐々に単一民族ならぬ単一思想があたりをはばからなくなり、保守ローカルが保守日本と化した。

だから青森へ活路を求めても時代的変化にはできるだけ抗わず、ただ老いの身を安んじるエゴに徹しられるかと考えていた。そこまで譲った新天地入りだったから、思いがけないリベラル空気に驚くばかりだった。

私の老いの断末魔

私を育ててくれた市民運動の先達のひとりが青森・六ケ所村の反原発運動の人々と交流していた。高齢のため六ケ所村には行けなくなった彼女だが、私が青森行きを告げると、現地の仲間を紹介するからぜひ訪れてほしいと言われた。

一方、青森放送の支局が東京・銀座にあり、以前ラジオのインタビュー番組に出演したことがあるため、そのときのプロデューサーT氏に連絡すると、「X青森」にさっそく来てくれた。

私はNHKのラジオ深夜便をはじめ、1週間くらいのインタビュー番組に出演したことが何回かあるため、青森ラジオの深夜に「眠れないお年寄りのために」というトーク番組をさせてもらえないかと頼んでみた。

毎日新聞に「らぶらぶノート」（2000年7月〜2年半。老いの愛と性）を連載したことを含め、日米を行き来する私は高齢者のエピソードには事欠かない。

余談だが、私がラジオ出演を好きになったのは、右のNHKラジオに出演しているときに永六輔さんが聴いていて、「この声の人、呼んで」とスタッフに言ったことによる。

ＴＢＳラジオ『土曜ワイド』に呼ばれて行くと、ナマの永さんがスタジオに座していた。私は昔から彼の大ファンだからポーッとしていると、永さんは私を呼んでくださった理由を話しだした。

「ぼくは門野さんの話の内容でなく、純粋に音としてのあなたの声にホレたからです」

何という小粋な褒めかたをするんだろう、とますます彼を好きになった。その日からラジオが身近な存在になったため、青森放送への発想も私の中では突飛なものではなかった。

だが、Ｔさんは申し訳なさそうに言った。予算が削られて独自の番組制作は縮小せざるをえなくなり、夜中の放送は大手他局の番組を買って流しているのだ、と。

悪いことを言わせてしまった、これが青森をはじめ過疎地の現実なのだ、と自分のノーテンキさが恥ずかしかった。

核の恐ろしさを知りながら、誰が好んで原発を誘致するだろうか。喜んで働くだろうか。過疎地で生き残るために、家族のために、命との引き替えを覚悟しながら原発を受け入れた人々。不安に押しつぶされそうな彼らに、彼らが一番欲しい言葉を永田町の政治家が繰り返す。

「原発は安全です」

「原発はクリーンです」

その根拠は何もないことが、東京電力福島第一原発事故で露呈した。

私が青森へ来たかった目的のひとつが六ケ所村の人々の話を聞くことだった。青森市内からどのくらい遠いところかも知らず想いを抱えて来たが、Tさんが「ひとりで行くのは無理だから一緒に行きましょう」と言ってくれる。バークレーから帰国したこの秋に、と約束して別れた。

初恋の山男が私の移転通知に電話をかけてきて、「秋になったら八甲田山に一緒に登ろう」と言ったり、果たせない約束や願い事をいくつか作ってしまった。が、当時は諦め気分と共に青森に落ち着こうと思っていたし、既述したように役所の人たちは好意的だった。この人たちに支えてもらって、発達障がいの家族の会も実現したいと意欲が出てきたところだ。

どこで老いの仕切り直しをしようが、大都会でなく仲間の顔が見えるところがいいと思う。やり残しでなく、まだ手もつけてないこともある、と私は意識の外であせっていた。年寄りの私はまだ有用であり、自分を諦めきれない悪あがきだとは死んでも考えたくなかった。カモられやすい最高の状態である。

私はまだ若い、私はまだ呆けていない――これが老いの断末魔でなくて何だろうと、いまは笑える。

ねぶたの制作作業場へ

施設でも入れっぱなしではなく、マイクロバスで「ねぶた」の制作作業場や、大型ねぶたの体験施設に案内してくれた。バスで挨拶するのは3階の夫婦連れと私を含む6階単身女性3人の常連5人と、あとは挨拶なしの中年女性1、2人がいたりいなかったりで、お風呂で見かけた年輩女性はあのときかぎりだった。

私はねぶたをテレビで観ただけなので、「青森市民ガイドブック」から郷土の伝統文化のキャッチコピーを紹介したい。

「日本を代表する火祭り〝青森ねぶた祭り〟は、武者や歌舞伎、神話などを題材に作られた山車燈籠が、夏の夜空を焦がす勇壮華麗な祭。心がざわめく。魂が揺さぶられる。歓喜乱舞の祭を観て、感じて、体験しよう」

歌舞伎も好きな私はねぶたの隈取りの面に心惹かれるが、いかにせん祭りの本番は8月上旬。私は毎夏バークレーに行っているために、面の制作現場を見てもしようがないやとしぶしぶ後をついて行った。

ところが、作業場に入って釘づけになった。木片を打ち重ねながら、天井にまで届くような面の骨格を創り上げている現場。小さな木片が前後左右に打ち止められて立体感を出し、梯子に乗った職人が〝にらみ〟を利かす顔づくりに励む様は、どこかで見たような、と死にかけた脳細胞をゆすってみる。

そうだ、テレビのドキュメント番組で観た、数年前のオフブロードウェイ作品賞「ワーホース」(戦火の馬)。その〝主役の馬〟の制作過程と同じだったのだ。

〝馬〟は細かい骨組みが足や首の関節の動きを果たし、まるで生きているように操るのは馬の中に入った2人のアーティスト。ちょうど日本の獅子舞と同じ役割分担である。

そういえば、今年2015年の正月、サンフランシスコのジャパンタウンに家族4人で繰り出すと、紀伊國屋書店前に獅子舞が出ていた。お囃子は金髪の若者も活躍する国際色豊かな日本の音色だが、獅子の動きが迫力満点。そのリアルさに孫娘のジェニファーがびっくりして、目の前で大きく開いた獅子の口を払うつもりが、グーで右手を突っ込んだ。顔面を殴られた親かたが苦笑して獅子から出てきたから、ジェニファーは2度びっくり。私たちにはサイコーの正月となった。

ジェニーは獅子舞という日本の伝統文化を知らなかったから、その迫力に〝生きもの〟を感じたのだろう。子どもを騙せる芸の力とはすごい技術だと感嘆した。

舞台の上で役者が動物の一部となって動かすパフォーマンスは、ブロードウェイミュージカルの「ライオンキング」が斬新だ。

　忘れる一方の老いの記憶力だが、せめて〝驚く力〟は保っていたいと願う。オーティズムっ子の本気で驚ける純粋さに少しでも近づけるように。あれっ、詐欺まがいにノセられやすいのは、バカじゃなくて純なのかな？　ものは考えようと言えるかも。

Part ❾

青森から米・西海岸へ

福祉法人30周年記念祝賀パーティー

6月下旬になると、福祉法人Z会の30周年記念祝賀パーティーに招待された。Z会は青森各地で特養、デイサービス、家事援助など、手広く福祉事業を展開してきて、30年間の総括として「X青森」に収れんしたのだろうと思う。

そう思いたい私は素直にお祝いを言いたくてマイクロバスに乗った。行き先は青森国際ホテルである。

会場には100人くらいの招待客がいただろうか。多くの背広姿の男と少数の女たちが、7、8人掛けの丸テーブルで中央小舞台を囲むようにさんざめいていた。

私たち入所者のテーブルは一番左端ひとつで、いつもの常連5人に部外者らしい男女2人が黙して座している。もうひとつのテーブルも得意先か他の施設の客かがパラパラで、互いに自己紹介も、職員が私たちを紹介することもなかった。いわゆる文字通りの〝お客さん〟のようだ。

パーティーなのだから、見知らぬ私のことは敬遠しても、お客さんや入所者同士が華やいだ会話を交わしてもよさそうなのに、左端テーブルは皆むっつりと押し黙っている。私は下戸でもこういう場の座持ちは得意とするところだが、スタッフとして迎え入れられたわけじゃなし、誰がサービスするものかと、同じく押し黙ってパーティーを観察するのに集中した。

オープニングは芸者舞の「長唄　七福神」で、次いで来賓の挨拶、来賓の紹介となると、まあ覚悟はして行ったものの国家権力、自治体権力のオンパレード。県知事は代読だったが、税金に群がって甘い汁を吸う魑魅魍魎どもの集まりに見えて、たちまち吐き気がしてきた。

ありきたりの祝辞はしようがないとしても、マイクを握って高揚した理事長が各来賓を誉め讃え感謝し、権力者どもは理事長をねぎらい法人の発展を祝す。あからさまな癒着ベタベタぶりに、いいのか、こんなにみっともなくて、とこちらが恥ずかしくなる。

祝賀会なんだからある程度のヨイショは許容できる。だが国土交通省が「先導的事業」として採用した高齢者複合マンションを、国税を投入して建設したのである。優先順位としても主役である高齢者全般への視座を忘れないスピーチや、社交辞令でいいから入所者の入所した感想スピーチがあってしかるべきだろう。

そういう心配りがあれば、誰のための何のパーティーなのかという目的がはっきりし、意義のあるなごやかな祝賀会になったはず。癒着ベタベタは隠しようがなくとも薄められたと思うが、しかしハナから隠すどころかひけらかしたいのなら何をか言わんやである。

政府関係のパーティーは国際婦人年に出席したことがあるが、国会議員も政府関係者も女性が多かったこともあり、節度のある好ましい雰囲気だったのを思い起こす。ナント40年前の話だが、日本も男女平等に向かって〝山が動き出した〟年だった。

そのときから女の地位向上が内外に向けて宣言され、女性議員や女性社長が少しずつ増えていった。その20年後に宮城・仙台市の女性社長の会に講演に招かれた私は、会場を覆う女たちの熱気に圧倒され、山が動いた様を実感したものだ。あのときの感動は、老いて忘却の彼方に消えゆく貴重な人間ドラマの中で、いまも忘れ得ぬひとつである。

そういう私だから、福祉法人の理事長Oさんや彼女をサポートするDさんの活躍する姿を、浦安のころから応援していた。老いの余力を振りしぼって、彼女らと共に生きたいと本気で思った。だが早とちりだったようだと、この日のパーティーがはっきりさせてくれたのだ。

会場はDさん率いる和太鼓（Dさんの中太鼓と職員4人の小太鼓）の合奏に続き、ねぶた囃子も加わって、客や職員らが「ラッセラー、ラッセラー」と跳人《はねと》踊りでテーブルの間を回り出した。郷土芸能で盛り上げてお開きにするクライマックス。

福祉も老人もどうだっていいのだろう。ただ無尽蔵な国庫に体よく群がり、その決定権を有する官僚と部下どもの懐も温めつつ、我が世の春を謳歌すればいい。どんな失敗政策だってどうせ誰も責任取らずに済むのだから。

厚生省のハコモノ失政はまだ皆の記憶に新しいが、官僚が責任取ってカネを返したという話は聞いたことがない。今度は国土交通省のハコモノ政策かよ。「先導的事業＝モデル事業」と銘打っているから、他の自治体も「ノアの方舟」づくりに高級老人マンションを建てる準備をしているに違いない。

ラッセラー、ラッセラー。貧乏人ははねとばして、郷土の金持ちだけを集めるケアつきマンション。ラッセラー！

「高齢者の尊厳を守りたい」記念講座

飲めや歌えやだけでは体裁が悪いと思ったか、翌日曜日は「X青森」のホールで、朝から「記念講座」が開催された。30人ほどの聴衆のほとんどは職員で、あとは常連の5人くらいだ。要するに職員の勉強会らしいから出席することもなかったが、聴かなければ批判もできない。

行ってみて目が覚めた。午前に2人、午後に2人の講演というハードスケジュール。もちろん聴く側にとってのハードだが、昼の弁当つきでつなぎ止められた。腰痛を取るか弁当を取るかだが、この件ひとつでも高齢者へのいたわりが見られない。いいんだ、たったの5人なのだから嫌なら帰ればいいだけか。

講師は、筑波大学名誉教授の「高齢社会における看取り医療との関わり」、国際医療福祉大学大学院教授の「日本の高齢化と高齢者対策について」、厚生労働省老健局振興課課長補佐の「介護保険制度見直しの方向性と通所介護」、京都地域包括ケア事業研究会代表の「これからの介護人材の課題」がパンフレット通り。

最後の講師が、理事長らが心から敬愛してやまない「京都のY先生」である。講師の氏名まで書こうと思ったが、皆サンあまりにヒドイ内容だったので肩書だけにした。

まあ彼らに言わせるとしたら、各1時間では何も思うように話せないと、寄せ集めのお祭り騒ぎのせいにしたいところだろう。1時間でもプロだ。誠実に問題提起したかったのだと。そうでしょう、そうでしょう。

だとしたら、たとえば「介護保険の見直し」では愚策を反省し見直して、その問題をどう克服すれば、彼らのバカのひとつ覚えである「介護の社会化」を実現させることができるのかを、私も全身の毛穴を耳にして聴きたかった。

ところが厚労省のみならず、皆サンあまりにヒドイ内容とは、棒グラフや線グラフをパネルに映し、ペンライトでチカチカグルグル目くらましをかけながら、どの講師も厚労省が○年にナニやった、○年にカニやったと、戦後厚生省のPRばっかり。厚生省一族の自己礼讃を青森まで来て並べ立ててる感で、特養待ち全国で52万人という深刻な事態を本気で憂える言葉はなかった。

どの講師もまるで合言葉のように各所に散りばめたコトバとは、「高齢者の人権」とか「高齢者の尊厳を守りたい」とか「人間を対象にしたケア」「ひとりの人間として扱われるケア」などと空々しさも極まる発言に、あたしゃ椅子からずっこけそうになる。

ある女性講師は「ドイツ憲法の第1条には、人間の尊厳を侵してはならないとあります」とのたまったが、日本国憲法にだって明記されているぞ。人間の尊厳も、戦争放棄も、男女平等も、誇り高くうたわれている世界に冠たる日本の平和憲法が、なぜか風前の灯だけど……。

その講師は人間の尊厳を強調するのに、どうして現ドイツ憲法を持ち出したのだろう。世界に冠たるドイツ憲法としてワイマール憲法を持ち出すならわかるが、日本の憲法は引用するのもはばかるほどこの国は息苦しくなっているということか。

質疑の時間はいっさいなかった。

「京都のY先生」は講師紹介で、「全国を飛び回るお忙しい先生が云々」と、いまや厚労省の宣伝マンをあらわにした〝ご出世〟ぶり。閉会後少し話す時間があったが、互いの家族の近況報告ばかりで、ひと回り小さくなって片目の視力を失ったという彼に、カモられた私の尊厳はどうしてくれるんだとは言えなかった。

あなたのおかげで福祉界の本質を見ることができた、では嫌味になるし。日本の近未来に希望を見出そうと語りあい、ミニコミを発信した男女3人は、ひとりは他界し、男女ふたりはもはや語るべき言葉はなかった。

過呼吸症でからだが拒絶反応

その夜から眠れなくなった。

私はどうすべきなのか。このまま屈辱に甘んじて、既述した「だまされても黙るように仕向け」られて泣き寝入りするしかないのか。かつがれた私がアホなのだから自業自得なのだろう。カネさえ払えば居られるのだから、知らない街に越してきてゼロからの出発は当たり前。何かを当て込んで来たこと自体が間違っていた――。

幾度となく自分を抑える方向で堂々巡りをするのは、青森まで来てたったひと月で逃げ帰ることのみっともなさだ。とどまるのもアホ、逃げ出すのはもっとアホ。人にバカだねえと笑われるのは我慢できるが、自分で自分に愛想が尽きるのは耐えられない。

自分に対するダメージだけではなかった。何よりも、甘い汁に群がったこの世界の人々に妥協して生きていけるのか。唯我独尊の違法行為に目をつむり、強い者に盲従して生きていけるのか。

老いて弱者になったからその卑劣な生きかたを甘受できるなら、私の中・高年時代の小さくても尊い「子どもの人権・女の人権」の闘いは何だったというのか。よりよく生きようとする努力を老いて捨てられるなら、小さな声であってももう世の中に発信する資格も意味もない。

自分を戒め、社会の変化をチェックし、自分の思想を磨く行為を諦めるなら、私は何のために生きているのか。少なくとも私を見ている子どもたち孫たちに、成長を諦めた私は顔を上げて何を伝えていけばいいのか。

私はもちろんのこと、誰もがそうそう正しくも立派にも生きていない。オカネは少しでも多く欲しいし、美味しいものは食べたいし、心地よく暮らしたい欲望は尽きない。だが人は物理的な快感だけでは生きられないのだ。

人としての優しさ、暖かさ、幼いいのちを守り育てる強さ、理不尽な力に抗う正しさ、生きとし生けるものを愛でる心、人間らしい感情を育む努力などなど、精神的な成長を願って豊かに生きようと心がけてこそ、この恐ろしい世の中に子どもを産んでしまった親の原罪が少しは許されるかもしれない。

宗教に帰依するほど真面目ではなく、右の心がけは雑念にかき消され、タテマエとして埃をかぶるところだったが、本書の冒頭に記したように、私には欲望を忘れさせる清らかなふたつの魂の存在があった。

ストイックな精神主義に陥ったり、建前と本音を別々の人格におさめたような滑稽さでなく、天使のような孫たちと共に呼吸するだけでカタルシスを味わえる幸せ。障がいを大変なもの気の毒なものとしか思えなかった私が、障がいゆえのピュアないのちに癒やされ導かれ、運命にチャレンジする勇気まで得られた。

人を信じやすく騙されやすいのは、天使たちからつちかった人間信頼のやさしさが裏目に出たと言えなくもない。人間信頼のメリットのほうは日常的な潤滑油となって、心地いい人間関係を交わせる場面が増えた。私のベーシックな性格に孫たちが影響している証しかも。

冷静に今回のオッチョコチョイぶりを分析し、できるだけ大人の対処をしようと考えると眠れなくなった。私としては初めての膨大なカネと時間と体力の無駄使いを思うと、腹が立っていっそう眠れなくなる。

眠れぬままにベッドに横になっていると、過呼吸症が襲ってきた。まさにストレスが原因の胸を押しつぶされるような呼吸困難。飛び起きて水をがぶ飲みするが、いつもはそれで治まる対症療法が数分しか効かない。

頭ではコトの次第を冷静に考えようとしているのに、からだが正直に拒絶反応を起こしていた。娘にかたく止められている睡眠薬を探し出し、ひと粒飲んだが効かない。数粒を飲みこんで朦朧としてくるが、眠りが浅くなるとまたまた鉄板が胸を押しつぶす。

あまりの苦しさに救急の電話をしようとしたが、こちらの弱りを知らせれば彼女らは手を叩いて喜ぶかも。このまま呼吸が止まって死んでしまえば、彼女らは初めて年寄りをたばかった恐ろしさに気づくのだろう。私の命と福祉法人Z会の無理心中には、なる。

権力を動員して「老婆の急死」でごまかそうとするだろうが、娘への電話、私の取材ノート、友人らへの報告などで、私が〝殺された〟事実は明るみに出る。遺書もまだ書こうと思えば書けた。

日ごとに睡眠薬の数が増えていった。お粥を炊いてものどを通らず、昼も夜も朦朧としていた。八甲田山が雪に覆われれば山の麓で眠るように凍死できるのに、雪が降るまでにまだ5カ月もある。6階の窓は大きく、簡単に飛び降りることができたが、6階ではせいぜい寝たきり老人になるのが関の山。わかっていても暗闇の誘惑に引き込まれそうになる。

死のブラックホールに陥ると、そこからなかなか抜け出せなくなる。長い人だと何年も穴の中にうずくまるという。私は過去に2、3回あるが、過呼吸症とセットになったのは初めてだ。1週間の穴ごもりの間、安否を伺いに誰も来なかった。見守り料って何を見守っているんダロ？

「福祉の悪いところが全部出てしまった」

「バーバ、いつ来るの？」

エリックの声に朦朧バーバは飛び上がった。そうだ、バークレーに行くことを忘れていた。

「7月1日よ。あと2日たったら行くわね」

「早く来て。野菜を食べて長生きしてね」

大変だ、渡米の支度をしなくちゃあ。

「マミーに電話替わって」と私。

「もしもしバーバ、何やってんのよ。お土産買った？　ひよこまんじゅうに虎屋の羊羹、生八ッ橋に羽二重餅。今回は買えなかったら青森の和菓子でもいいわ。エアポートへは学校を早退させて迎えに行くから。ジャーネ」

私は何をやっていたんだろう。ここから抜け出せばいいんだ。歓迎されない世界に無理にからだを押し込めず、もっと広い世界に飛んで行ってゆっくり考えればいいと立ち上がる。

結局私はエリックに救われた。

外に飛び出して寿司屋に直行した。青森は寿司ネタが新鮮で安くて美味しい。この一週間、お粥と水しか胃袋に入れなかった。飢えた胃袋にしこたま寿司を詰め込んだが、拒絶反応など起こりようがない。ストレスという精神的な原因は、戦後の窮乏期を生き抜いた頑健な肉体の機能には関係ないのかと失笑する。

だいぶすり減った旅行カバンにいつもの旅支度を詰めていると、Dさんが電話をかけてきたが、私の安否の確認ではなかった。

「7月にはアメリカにいらっしゃると以前聞いたので、いつごろ出発するのかと思って」

何のために？　と聞かずに素直に答えた。

「7月1日から9月16日まで留守にしますから、ときどき部屋の空気を入れ替えるなど、よろしくお願いしますね」

「青森空港へは車でお送りしますから、出発時間を教えてください」

「タクシーで行きますのでどうぞお構いなく」

「いいえ、空港は近いので使ってください」

何だ、気持ち悪い……。

「それよりDさん、多忙のピークも過ぎたでしょうから、私の主張を聴いてください。電話のほうが集中できると思うのでいいですか」

顔を見て話すとひっぱたきたくなるので、とは言わなかった。

私は語気を強め、本書にるる述べてきたことをかいつまんで話した。私を貧しい年寄りと判断して入所資格に問題あり、と会議の俎上に載せたとき、「Y先生の紹介だから押し切って入れてやった」ではなく、本当にこれだけなのかと私になぜ聞かなかったのか。そうすればアメリカの預金をあなたが思い出すだろうし、私は入所をやめるきっかけにもなった。

このように私のことを私に知らされないまま、いつもコトが決められていった。浦安に同居させてくれた件も、あなたは大歓迎してくれて私の信頼や感謝の念をあおった。

「あおったと意図的なように言うのは、私が青森に発つ日、隣の特養の栄養士さんらに別れの挨拶に行くと、何と言ったと思う?」

「さあ、何て言ったんだべ」

「『やっと出て行くのね。Dさんがあなたのことを〝居座ってしまって動かねえんだ〟と言ってたから心配してた』ですって。栄養士さんはニコニコして言うので、私は冗談だと思ったの。青森に来てからやっとあなたがたの言葉の二重構造に気がついた」

日本人の建前と本音のダブルスタンダードは常に意識しているが、福祉法人Z会の職員らの好意は「Y先生の紹介」によるものだと、額面通り受け取ってしまった。その意味でYには直接責任はないけれども、Yの好意が彼女らに悪用された点で、私に対し間接的な責任がある。彼には不本意だろうが、たばかられた私はもっと不本意なのだ。

「私がDさんに何も要求してないならともかく、浦安のころから情報が欲しい、教えてと何回も頼んでいたのに、私に関するそれすらぎりぎりになって、あるいは過ぎてしまってから知らされた。立派な説明責任の不履行に当たりますよ」

いままでの遠慮や思いやりをやめ、私は語気鋭く彼女の誠意のなさを詰め寄った。

「これだけはきちんと答えなさい。そんなに私が嫌なら、入所をどうして断らなかったの？どの段階でもどんな言いかただってできたでしょう？」

沈黙の後、Dさんはポツンと言った。

「福祉の悪いところが全部出てしまったんだと思う」

青森脱出

翌日の午後、最後の土産を買いに繁華街に行こうとした。娘が欲しいのは生菓子のため出発日に成田空港で買っていたが、今回は青森空港からインチョン空港に行ってしまうので、日本の和菓子は乗る前に買わなければならない。

〝運び屋ばあさん〟と自嘲しているが、アトピー用のシャンプー半ダース、孫娘の生理用ナプキン各種（日本製品の肌ざわりが抜群）、孫息子のスニーカー（日本人の横幅のある足の微妙な靴型の違い）、発熱やかゆみの薬品（日本製品はソフト）などなど、年齢によってニーズが変わってくるが、いつまでも日本から離れられないアメリカ人ではある。

それらに本や原稿を入れるとカバン2つともけっこうな重さで、あと何年運び屋ができるだろうと足腰がふらつく喜寿となった。まあでも、ネタが拾える点で旅は格好のドラマの宝庫。太平洋を行き来できなくなったら、ただの偏屈婆あになってしまう。

この冬の帰路でも、サンフランシスコ空港内の和食レストランで寿司をつまんでいると、カウンター席の隣の中年男が「日本人？」と話しかけてきた。流暢な日本語を話すデンマークのビジネスマンだった。

「マーチ・イレブンから何年経ちましたか」

「東日本大震災のこと？」

「はい」

「間もなく4年になりますけど、まだ仮設住宅に11万人の人がいるそうです。ひどいでしょう？」

「えっ、オリンピックをやるオカネがあるのに？」

「不思議ですねえ。日本人はおとなしいから抗議の暴動など起こらない。為政者は楽ですよ」

「マーチ・イレブンの日、皆静かに礼儀正しく避難したと東京の友人から聞きました」

「私は渋谷にいましたが、泣く人も怒る人もいない。皆整然と歩道橋を渡っていました」

「気持ち悪い……」

2年前には同じ空港で同じ話題で、オーストラリアの男性がやはり「気持ち悪い」と言っていたっけ。

私は、イチローが出場したオークランドの野球場で、日本人の観客がゴミを拾って帰ったとアメリカ人が感動した話を聞いて、気持ち悪くなった。どちらの話も日本人のいい面であり、他国から讃美されたかもしれない。だがそれゆえに、「気持ち悪い」と感じる人のアイロニーがたまらなく好きだ。


おーっと、青森の和菓子をまだ買ってなかった。裏玄関を出て駐車場を抜けようとすると、理事長のOさんが車のそばに立っていた。問われるままに土産を買いに行くところだと私が言うと、美味しい和菓子屋さんへ案内しますよ、と彼女の車に乗れと勧められる。

「とんでもない。たかが娘への和菓子なのでバスで行きます」

と辞退したが、Oさんも妙にしつこい。

私はふと、浦安からこのところの私に対する非礼について、理事長として言い訳や謝罪が言いたいのでは、それで私を待っていたのではと思い、車に乗った。

まずは礼儀として私が30周年のイベントをねぎらう。

「ご盛会でしたね。おめでとうございます。大勢のお客さまで大変だったでしょう」

「ほんと、大変だったんですよ。準備で何日も睡眠不足が重なったため、舞台でマイクを握るときはフラフラでした。お客さまのご挨拶が始まると、私は楽屋でベッドに横になり、点滴を打っていたんですよ。私の出番になると点滴をはずして舞台に上がってと、もう死にそうでした……」

どんなに大変だったかがとめどなく続く。

なーんだ、まるで婦人会のオバチャンじゃないか。自分がどんなに貢献したかを恩きせがましく吹聴して歩く。弱者をあなどって居丈高になる。町内会や生協にも必ず何人かいるトグロも巻く大年増らを思い出した。

わずかに迷っていた青森定着への未練がこれでふっ切れた。みっともないという世間体よりも、自分で納得のいく老いの日々を1から築こう。バカはバカなりの面白くワクワクできる時間空間を創る努力をすればいい。

「X青森」をさりげなく出るとき、なぜかドキドキして何度も振り返った。誰も追ってくるはずがないのに、まるで〝脱北者〟の気分だった。

Part ⑩

米・西海岸から熱海へ

法人やNPOの6割が暴力団関係？

早朝の青森空港は閑散としていた。レストランで朝食を取りながら、人の目が気になって緊張しているのがわかる。誰かに付けられているんじゃないかと後ろを振り返っては、映画の観すぎだと苦笑するが、〝脱北者〟と言って生々しければ、旧ソ連から欧米に脱出するダンサーの映画『ホワイトナイツ』を思い出していた。

私は拉致されたわけでもなく、強制的に監禁されていたわけでもなく、自分の意思で行って自分の意思で出てきただけだ。だが、混乱と屈辱と恐怖と死ぬほどの苦痛を味わいに、自分の意思で行くわけがない。そこには相手による何らかの作意があったと考えるほうが妥当だろう。

その作意が意識無意識にかかわらず、福祉法人という集団力学をバックにし、しかも集団が国・自治体の権力を後ろ盾にした強靱な結束で、徒手空拳の年寄りに対峙することが見えていたら、誰がとうろうの斧を振り上げるだろう。

これが被害が明確な振りこめ詐欺なら警察でも裁判所でも駆け込んで行けようが、精神的道義的な被害がほとんどで物的証拠がないときては、公的な闘いにもならない。

その絶望感や集団力学の恐怖から脱走してきた私だから、誰かに付けられ追われているような被害妄想は、あながち妄想ではなく後遺症だと思えてきた。というのは、飛行機が青森空港を離陸したとたん、もう大丈夫だと大きな安堵を覚えたからだ。

年寄りがひとりで生きることを余儀なくされる時代。マスメディアにはひとりが自由でいいと元気な高齢者が強者の論理を振りかざすが、現実の多くは大なり小なりカモられ罠の不安や恐怖におびえながら、ひとり身をかこっていることが容易に想像できる。

誰も信じられなくても、からだが悪くなれば介護保険のケアマネやヘルパー、医療保険で医者やナースの世話になる。ところがその専門家による盗み、虐待、セクハラなどの被害もあとを断たないから、専門家への信頼や尊敬の念で接した年寄りの驚愕はいかばかりだろう。実際は被害を訴えられない要介護の人や、報復を恐れて口を閉じる年寄りがほとんどだろうと思う。私のように相手が団体・組織だったら、訴えていく窓口もない。

某ジャーナリストによると、法人やNPOの約6割が暴力団関係だと言う。麻薬などの資金源を断たれた暴力団が、組織的に振りこめ詐欺を展開している現状があるからこそ、青森市バスの暴力団への警戒アナウンスがあるのだろう。

法人やNPOの〝公〟の仮面をかぶった暴力団と、福祉に携わる法人Z会を一緒にするつもりはさらさらないが、国・自治体の権力と結託して年寄りをたばかる後者のほうが悪質だと、私には思える。暴力団には警察などの怖いものがあるが、彼女らにはそれもない。

米のカウンセラーに聞く

根強い自己責任論「やられたほうが悪い」がために、人に話すのは抵抗があるけれど、バークレーに着いた数日後に訪問療育に来てくれたカウンセラーのマリアに、私の失態についてどう思うか聞いてみた。

マリアは、オーティズムの孫たちに赤児のときから訪問療育を続けてくれる、娘にとっては母親であり、先生であり、そして私たちの疑似家族のようななくてはならない専門家である。シングルマムの60歳で娘と孫がいる。

この1月、うちの孫たちを初めて飛行機に乗せたくて、ロサンゼルスのディズニーランドに私と娘の計4人で2泊3日の旅行をした。エリックはともかく活発なジェニファーは、私と娘が冗談とも本気ともつかない「ジェニーが乗ったら飛行機を落としかねない」と言っていただけに、ひそかに手に汗握るチャレンジだった。ジェニーのほうが障がいが重い。

前方に席が取れて窓際のエリックは窓にへばりつき、ジェットコースターが大好きな彼は飛行機にもご満悦。真ん中に娘が座り、通路側にジェニー、通路をはさんで私がスタンバイ。

次々と乗客が乗ってくるとジェニーは通路の端に立ち、「オー　ハーイ、ハウ　アー　ユー」と歓迎する。それと気づいた人たちが「ハロー、ナイス　ミーチュ　ユー」と握手したりして合わせてくれる。皆ニコニコと笑っていて、全米の啓発教育のすばらしさを確認したひと幕だった。

帰宅した娘がマリアに報告すると、「グレート　マザー」だと絶賛した。バークレーの親の会の家族もディズニーランドに行った人は多いが、皆ロサンゼルスまで車で8時間かけて行ったという。私たちが飛行機で行ったのは、孫の社会性やマナーの成長を見たかったこともある。

このようにマリアは娘を褒め励ますのがとても上手い。彼女の担当外のグランマの私をまさか褒めるはずはないが、専門家の視点でどう思うかを聞いてみたかった。

マリアは、私の無謀さはひとまず脇へ置いて、「慎重さに欠ける点を割り引いても」と次のように語った。

「その人の最後の人生がどうなるか、どういう影響を及ぼすかを考えないで、話をしてきたDはプロではない。晴子は素人の友人相手に構想を語ったのではなく、専門家として要職にある彼女に事業計画を話していた。ゆえに軽くあしらうこと自体がウソをついたことになる。あしらったこと自体が〝晴子がウソをつかれた〟というウソだ」

マリアは自己責任についてはひと言も言わなかった。

「やられたほうが悪い」を安易に肯定すると、大変な人権問題にたどり着く。即ち「レイプ」問題である。昔から強姦犯罪は「やられたほうにスキがあった」という下馬評で、心身を破壊された被害者がさらに二重三重と犯されてきた。1975年の国際婦人年や国連の人権委員会のアピールを待つまでもなく、「犯したほうが100％悪い」のである。断じて！

この結論はしかし、被害者の痛みを共感できる人にしかわからない。同じく振りこめ詐欺に代表される大小の詐欺事件も、被害状況はさまざまでも騙された後の心境は共通している、と某警察関係者が言う。

また、「弱い人をさらにおとしめたり追いつめたりする、弱いものいじめが好きな人が多いですねえ」とも。

〝他人の不幸は蜜の味〟という人間の底知れぬ恐ろしさを、たとえば今回の私はどうすれば避けられたのか、鼻血が出るほど考えてもわからない。私は彼女たちが大好きだったから——。

このまま青森から脱出しようとすると、一番困るのは入居契約書を出してしまったため、家賃など諸費用がズルズルと引き落とされる恐怖だ。思い切って「X青森」に電話し、Dさんに賃貸借契約解約書を2通、悪いけれど米・バークレーまで送ってほしいと頼んだ。

意外にも用紙はすぐ送ってくれたが、洗面所の電球が片方無いこと、窓のテープの跡が取れないため窓ガラス全部を取り替えなければならない、原状回復を、と言ってきた。朝日が射し込む2部屋の窓に、オーダーのカーテンができるまでシーツをガムテープで貼ったのだった。

私は手紙かメールか忘れたが、すぐ返信。

「電球1つかっぱらってアメリカへ持ってきてどうするんだ。最初から左側の電球はついてなかったのに、一度も点検に来なかったし、一度も安否を尋ねにも来なかった。丸1カ月もいたのに、見守り料を取って何を見守ったんだ。窓のテープ跡は洗剤をつけたスポンジでこすればすぐ取れる」そんなことも知らないで年寄りを介護するなんて笑わせるな、とは言わなかった。

この件は2度と言ってこなかった。

契約解約用紙を手にしても、私のドジぶりは話にならない。実印を押さなければ解約できないのに出発するときは思いもよらず、印を置いてきてしまった。つくづく豆腐に頭をぶつけて死んでしまいたい世間知らずだ。

「用紙に記入して郵送しますから、私の部屋から実印を探してそれに押印し、提出してください」なんてDさんに頼んだら、それこそバカも極まる。結局9月半ばに青森に帰って、自分で手続きしないとダメなのかと呻いた。

ふと、バレリーナのJさんを思い出した。別れの挨拶もせずに渡米してしまい、厚かましさは重々承知の上だが、契約解約手続きに力を貸していただけないかと頼んでみた。

Jさんから「私は何をすればいいですか」と快諾のメールが来た。娘のパソコンを使ってのやり取りだったと思う。私はJさんに全権を委任する委任状を書き、契約解除の用紙にも氏名を記入し、その2通を彼女に送った。

Jさんは「X青森」へ行って職員に私の部屋の鍵を開けてもらい、書棚の小箱に入った実印を出して右の2通に押印し、提出してくれたのである。こんなことをさせてしまって彼女に申しわけないと恐縮しつつ、印鑑制度の時代遅れの滑稽さが腹立たしい。

バークレーで娘夫婦の家を買ったときは、頭金を払った私も娘夫婦もサインだけで済んでしまい、あっけないほどだった。

さて、解約日を6月末日にしてくれたため、早急に施設を出なければならなくなった。越してきてようやく片付いた荷物をどこに運べばいいのか。東京・昭島市の息子の家へ運ぶと、もう一度引っ越さねばならない。東京・日暮里の妹が世話してくれるアパートへ運ぶなら、もの書きを辞めることが条件だ。書くことを辞めたら私は生きていけない。業であり病気だと自分でも思う。

女友だち3人にSOSのメールを出した。高円寺と練馬にアパートを持っている2人は部屋が空いてないと言い、高円寺は荷物だけ預かる倉庫が月3万円であると言う。

もうひとりは青森へ一緒に行ったライター仲間、野原すみれさん。彼女は横浜で施設長を務めていたから施設情報は豊富だろうと、なるべく安いところを教えてとメールした。

返事にびっくり。彼女が別荘がわりに通っている静岡・熱海市のライフケアA館、その部屋を80万円で譲ると言う。築39年の建物で減価償却しているため、安価なのだそうだ。A館は手広くリゾートマンションなどを建て、価格もピンキリだというが、すみれさんの古い館は50万円からあるとライフケアの社員が教えてくれた。

すみれさんは私と同い年で横浜市に邸宅があるが、熱海に通うのが体力的に億劫になってきたため、誰か買ってくれないかと思っていたところへ私のSOS。その奇跡的なタイミングのよさに私は救われたのだった。

野原すみれはペンネームである。約15年にわたって実母、義母の介護を経験する一方、1983年「高齢化社会をよくする虹の仲間」を発足。「介護界のカリスマ」としてテレビ、新聞、雑誌、ラジオなどに登場、講演もひっぱりだこで八面六臂の大活躍というステキな女《ひと》である。

東神奈川高齢者ショートステイセンター「若草」元施設長。著書に『今日もしっかりモメてます――母をめぐる看護奮戦記』『老親介護は今よりずっとラクになる――心も家計も救われる65の知恵』そして大ヒット作の『正々堂々がんばらない介護』その他、というプロフィールだ。

私も仕事と介護に25年間追われていたため、資料を読むくらいで他者の本は読むひまがなかった。すみれさんのことも知らないままに、既述したように仕事を通して紹介され、いただいた本をめくってたちまち好感を持った。

（これがいけない。惚れっぽいから相手が悪人だとすぐカモられるが、彼女はいい人だったから無事に熱海に転居できた次第）。

好感を抱いた件とは、彼女のプロフィールに学歴が記してなかったことだ。人間差別の不条理を説く立派な男女が、経歴に半世紀も前の学歴を堂々と記しているのを見ると、鼻白む。ただ、鼻白む。

私の尊厳を守ってくれたバレリーナ

あるじのいない引っ越しも大変だった。引っ越し屋の「おまかせパック」で、運んでもらう物だけをファクスするが、記憶だけで持ち物を選別するのは大事な物を忘れそうで怖い。すみれさんからは熱海の家具は全部置いていきますから、運ぶ物はハードは捨ててソフトだけにしてくださいと指示。

買ったばかりの家具を引っ越し屋に〝捨てて〟もらうのは口惜しいやら情けないやら、自分のバカさ加減を再確認するだけの無駄な出費、無駄な騒ぎ、無駄なエネルギーにほぞを噛む。それが嫌なら青森にとどまれば済む話だが、バカまみれの私に手をさし伸べてくれたふたりのシスターフッドを思うと、これは運命の神サマに導かれた出会いかもと思えてくる。自信喪失もどん底に落ち込むといよいよ神がかりか、運命の神サマなんてジョークかドラマの世界だと思っていた私が、〝神サマに導かれ〟るのを肯定しようとしている。振りこめ詐欺が増えるばかりで神サマも忙しかろう。

運ぶ物を最小限にし、引っ越し日を決めたとたん、大問題が起こった。引っ越し当日には立会人が必要だと言う。青森には知人はおらず、Jさんにはそんな時間のかかることは頼めず、施設側の人はこういう場合はダメだと引っ越しのオペレーターが言う。私はアメリカにいるし、引っ越し業の社員もダメ、第三者でないとと言うのは、問題が起こったときの責任の所在を考えているのだろう。

「金目の物は何もありません、壊れたり失くなったりしても誓って文句は言いません、と一札書いてもダメですか」

「ダメなんです。すみません」

オペレーターは親切に相談にのってくれたが、ダメなものはダメ。娘がそういう代理業の人がいるはずだと言うものの、青森でどうやって捜していいかわからない。万策尽きて、ついにJさんに頼んだところ、あっさりと「いいですよ。その時間に行って立ち会えばいいんですね」。

そのとき私は運命の出会いも運命の神サマも信じた。Jさんと出会ってなかったら帰りの航空チケットを無効にし、もっとも高い直前のチケットを買って青森にバックしなければならなかった。「X青森」の職員らは「年寄り持ち上げてナンボの世界」の成果を目のあたりにし、腹抱えて笑うことだろう。

Jさんが本当にありがたかった。彼女は私に何をしてくれたよりも、私の人としての尊厳を守ってくれたのである。福祉法人Z会30周年記念講座で「高齢者の尊厳を守る」を連発したが、それがどういうことなのか講師らにも職員らにも教えてやりてえ。

すみれ女史は熱海で私の荷物を受け取るのに、はじめはケアハウスのコンテナを借りて保管するつもりだったらしい。が、家具のない「ソフトだけ」の荷の多さに驚いてしまい、ついに彼女の部屋にダンボール箱を積み重ねてくれたのである。

不動産を譲り受けるのに契約も行わず金銭の授受もないまま、ただ信用だけで私の荷を2カ月近く預かってくれた女史の太っ腹。楚々とした美しさのどこにそんな豪胆さがあるのだろう。やはり「カリスマ」は嘘ではなかったと私をうならせた人柄だった。

ともあれ、ふたりのステキなシスターフッドのおかげで、ホームレスになりかねなかったドジな老婆が、再び自分の城を持つことができた。ふたりには生涯（といっても残り少ないが）足を向けて眠れない。

しかも「X青森」では入所判定会議で問題になった〝貧しい老婆〟でも、簡単に購入できた価格の中古マンションである。私は高齢者問題も執筆してきたから、情報のアンテナはわりと高いほうだろうと自負してきた。だが、本当に必要な情報は届いてないことを知ってガックリしている。

私を含めライフケアA館は広告などで名前を知っている人は多いけれど、具体的な内容はほとんど知られていない。私はすみれさんと知りあって彼女の別荘の話を聞いたとき、いくらで買ったの？　などと下品なことは聞けなかった。別荘を持つほどの金持ちであり、数千万円で購入したことを聞いてもしようがないと思ってしまったのだ。

では、いくらかかったのか。

成田空港から熱海に直行し、数日後、すみれ女史とA館の社員2名と司法書士らと登記を行った。司法書士ナンダカンダ料、A館手数料、ライフケア運営保証金預り金（これは突然の入院や死亡にそなえる預り金50万円。何ごともなければそっくり返金）などで計80万円。つまりすみれさんへの80万円プラス80万円、合計160万円で別荘ならぬ本宅が手に入ったのだ。不動産料としては信じられない値段である。その他に不動産一時所得税や固定資産税が要る。さらに驚いたことに、私が財産をどのくらい持っているか（と、その証明）も、保証人のそれも、いっさい聞かない書かせないだ。さすが39年間の施設建築業。その培ったノウハウは何が違法で何が合法かを知り尽くしているのだろう。

100％企業の清々しさ、資本主義の合理性は、「高齢者の尊厳を守る」などとウソッパチの建前なんか言わない。作った物を売ってカネを儲ける。問題が起これば会社と組合が協議する。権力のご威光など当てにしない。

そうはいっても商売だ。私が福祉法人Z会と比較するあまり権力云々を言いたいんだろう、と自分の勇み足を戒めたりした。が、本当に100％企業体だったのだ。

私が入所して1カ月半後、「ライフケアA館の40周年記念式典」が行われた。その日の夕食はふだんの食事代に1000円が加算された豪華な幕の内にプラスα。皆おしゃれして食堂に集い、ふだんは幕が閉まっている舞台が開いて華やいでいる。

ところがディレクターの司会で開会すると、挨拶がA館会長、祝辞がライフケア・インテグレーション（株）の社長だけ。どちらも手短に終わり、役人の祝辞などひとつもなくすっきり。だいたい招待客がいない。乾杯、会食の後は熱海おどりで芸者が5人と、ミニコンサートは近代日本の歌曲がプロの歌手で歌われ、ええ、もう終わり？ と思わせるほどセンスがいい。

さて、部屋の権利を購入した他に、月々の費用が要る。最大の出費が食費で、1日3食の月4万円という安さ。大企業のまとめ買いで食材が安く仕入れられるのだろう。毎食手のこんだ料理が数皿並び、盛り付けも料亭並みだが味付けがやや薄く、野菜嫌いの私には野菜料理が多いのが贅沢な不満だ。

「ね、ここの食事、美味しいでしょ」

この日の食卓を共にする人が愛館精神を発揮するのに、へそ曲がりの私が応じた。

「ホント、私は食事を作ってもらうだけでありがたいけれど、欲を言うとこういうヘルシーな献立てでは肉ばなれしちゃう」

すると翌日の夕食には牛のステーキが出たのだ！

「さては、聞こえたな？」

初日からワハハワハハと遠慮のない交流で、カモられて死にそうになって青森から脱出してきた、と言っても誰も信じてくれない。

おーっと、食費4万円に戻ろう。私が入ったライフケアはA棟B棟で約200人、そのうち食堂などで常時顔を合わせるのは約50人。認意団体A館独自の福利厚生で地域とも交わる活動の会費と、会社との交渉・運営に管理組合が別組織でその組合費、その他光熱費、マイクロバス、常駐のナース（ドクターは月2回）などナンダカンダ食費もひっくるめて月10万円くらい。

これなら私でも無理なく払っていけると、溺れる者が掴んだ藁の尊さを抱きしめた。

損害賠償金を福祉法人に請求

私の居場所を確保できたからといって、厄介者が消えてくれたと、このままなかったことにさせては、第2第3のカモられ年寄りが出るかもしれない。自分さえよければいいでは済まない被害だ。

入所させたくて年寄りおだててナンボの収益をあげようとしたり、年寄りの人権を踏みにじりながら人権を唱えたり、入所者の財産を丸ごと管理しようとしたりなどなど、福祉に携わるプロとして絶対にやってはいけないことなんだと釘をさすために、私は帰国早々知りあいの弁護士を訪ねた。

福祉法人を訴えたくとも証拠のとぼしい被害者だが、彼女らによって使わなくても済んだオカネ――往復の引っ越し料、新幹線など交通費、新居に合わせた家具代、家賃などもろもろの手続き料、私の仕事に関する損失を含む精神的慰謝料など――を返せと、140万円の損害賠償金請求の申し入れをしてもらった。

その前にバークレーから、紹介者のYに一部始終を報告する手紙を出した。彼からはメールで返事がきた。その一部を抜粋したい。

「バークレーなんですね。智子ちゃん（娘の名）のところなんでしょうか。お孫ちゃんたちを愛するハーコさん（私のニックネーム）の幸せな毎日を想像しながら手紙の封をきりました。

そして内容に驚きながら読みすすみました。そして、僕がOさん（理事長）を紹介したことを、とても反省しました。結局ハーコさんを苦しめ、たぶん、Oさんを苦しめたであろう結果を招いたことで、心を痛めています。

（中略）

結果として、ハーコさんが被ったと感じておられる、精神的・金銭的な不利益に対しては、きっちり話し合われたらいいと思いました。

しかし、Oさんを紹介した僕の立場からお願いしたいのです。是非、法人を社会的に苦しめることはしないでください。それだけは僕から強くお願いします。著名なハーコさんやお友だちの皆さんから、活字やネットで法人が傷つく情報が発信されることを、とても危惧しています。

僕の敬愛するおふたりが苦しまないよう、心から祈っています。Oさんは、本当に純粋に社会に向き合っている福祉法人経営者です。僕のお願いを聞き届けていただきますよう、ほんとうに宜しくお願いしますね。　Y」

〝反省〟はしたらしいが、間接責任の謝罪はなかった。謝罪が嫌ならせめていたわりの言葉くらいあってもよさそうなのに、Oさんは〝純粋に社会に向き合っている〟から苦しめるな、ときたもんだ。年寄りをたばかりおとしめておいて、過呼吸などで死の淵へ追いやっておいて、〝純粋〟だから苦しめるなとは、彼女らが私を苦しめたことはいいのか。

純粋って何だ？　純粋に社会に向き合えるのは社会的弱者だろう。私と彼女の苦しみは等価値ではない。もし純粋なハートで福祉法人を経営しているのなら、私をたぶらかした「スタッフ論」に手を打たずにはいられまい。私が違法だと指摘したことにも飛び上がらずにはいられないはずだ。

Y先生よ、彼女は純粋じゃなくて鈍いだけだよ。で、弁護士に申し入れ書を出してもらった。虐げられた人々の権利をいくつも勝ち取った、わが国の第一線で活躍する人権弁護士である。

申し入れに対し、誠意ある回答を得られない場合は訴訟も辞さないと覚悟した。私が大金を使っても裁判に持ち込む意図は、超高齢社会に警鐘を鳴らす狙いもあるが、被害を公にすることによって本書に福祉法人の実名を書けるからだ。

YもOも私という共通の敵ができて、純粋に仲よしごっこを楽しんでいるだろうが、これは個人的な好き嫌いの問題でなく、福祉の専門家が既得権にあぐらをかいて、社会的弱者の年寄りをたばかった恐ろしい問題である。法人を苦しめるなという厚かましい〝仲裁〟など論外、前述したように法人と無理心中することが私のゴールだ。わからないならわかるまでやるしかない、と身を引きしめた。

無残な敗北

申し入れ書を福祉法人Z会に送ってから1カ月後、先方の弁護士から通知書が届いた。ナント福祉法人Z会は「Y先生」を顧問にして前面に立て、弁護士を3人も並べて戦闘態勢に入ったらしい。通知書の内容は法廷戦術として当然ながら、こちらの主張を全面否定してきた。こんな婆あひとりに弁護士3人と顧問とは、サスガ国家権力を後ろ盾にしている法人はやることが違う。えげつない。

こちらの弁護士が淡々と言った。

「権力を手にすると人は恐ろしくなりますね。政治とは関係ないんです」

通知書の最後に、6月分の家賃等13万8877円を振りこめと請求してきた。いよいよホンモノの〝振りこめ詐欺〟である。

私は私の言い分に対し、謝罪でも言い訳でもいいから誠意ある態度を見せないかぎり請求には応じない、と2度目の内容証明を出してもらった。

門野には何も言わなかった、何も約束しなかった、情報は全部出していたでは、私が勝手に青森まで行って、「居座ってしまって動かねえんだ」と言われるザマだったのか。本当にそう思ったならさっさと追い出すか、不法侵入で警察に訴えればいいのに、そんなことも弁護士3人に頼らなければ伝えられないのか。不可解。

娘に電話して、報告と決意表明をした。彼女は常識も良識も判断力も母親を超えて、成熟したもうじき50歳だ。

「裁判になるだろうと予想はしていたけど、でもママ、落ち着いて考えなさいよ。結局ママとマリちゃんのパパ（Yのこと）が前面で闘うことになったのよ。これはおかしいよ。彼は好意でママにOさんを紹介したのに、その紹介者と闘ったら〝人の道〟に反するでしょう。変な人を紹介した責任を取りなさい、と前面に立たされたのかもよ。マリちゃんのパパ、可哀想……。

ママ、ホンモノのバカになりたくなければよーく考えなさい。この裁判は勝っても負けても近未来のあなたにとって何のメリットもない。すべて過去のできごとでしかないでしょう。あなたにとって大した価値のあることじゃあないと思う。福祉畑のタチの悪い人たちにあざむかれた口惜しさはわかるけれど、そういう被害者はいっぱいいるの。

もう相手にするのはやめて、もっと未来に向かって顔を上げて生きなさいよ。ママにはただの時間つぶしではなく、やらなければならないことがいくつもあるでしょ。エリックやジェニファーの人間信頼の価値観をさらに育てるためにも、おばあちゃんの役割はまだまだ発展途上でしょう。

裁判でオカネと時間を使って遊んでいるヒマはないはずよ。それに私のためにもやめてほしいの。私の大切な想い出を汚したり失くしたりしたくないのよ」

最後の娘のコトバが衝撃だった。娘がまだ中学生のころ、奈良・斑鳩の里で暮らしていたときに、京都のYと家族ぐるみのつき合いだったことを彼女は覚えていたのだった。

その後の離婚で疾風怒濤のような生活を送った私は、思春期の娘が想い出の小箱にしまった宝ものの数々を振り返ろうとしなかった。いや、振り返る余裕がなかったのだ。

いま、他国の異文化の中で暮らす彼女には、母国での想い出のひとつひとつがいぶし銀のごとき光を放つ成熟期である。バタバタと来てバタバタと帰る、運び屋おばあちゃんを駆け抜けるできごとと違い、しっとりと成熟したメモリーを抱いて生きているのだろう。

老いて呆け一途の身には、娘の成長がねたましかった。私だってYに紹介されたからこそ、1歩遠慮し1歩譲歩してきたのに、最後の巻き返しの訴訟まで降りろと言うのか。断じていやだ。この1年の葛藤は何だったんだ、ふざけんじゃない、と数日モンモンとした。

年寄りのプライドはよきにつけ悪しきにつけ、こうしてひと枝ひと枝へし折られながら呆け老人になっていくのだろう。誰もが最期まで自分の意思を持って終わりたいと願うが、人は独りでは死ねないのである。善意の介入も含めて家族、病院、施設などのさまざまな介入を受け入れ、その多くは不本意でも従わされて逝くしかない現実。

尊厳死などこの国に本当にあるのだろうか。

幾日も自問自答したあげく、結局は訴訟を降りる旨を弁護士に連絡した。

無残な敗北を噛みしめる……。

Part ⓫

熱海は「東洋のナポリ」だそうな

「私たちは籠の鳥よ」

熱海は坂の街である。

観光でサンフランシスコなどの急勾配を楽しんだことはあるが、坂がある暮らし、避けることができないバリアを日常的に味わうのは初めての私。

覚悟をきめて歩き出せば、足腰を鍛えるには最高の自然フィットネス。はじめは部屋の窓外の登り坂45度の車道約300メートルを、朝夕に一回ずつ登り降りしてみた。

熱海の山々をバックにしてどこまでも続く坂道はきりがないが、窓からのぞめる坂の上までの往復を日課にしたら、呼吸は苦しく脚は棒のようになる。三日坊主では情けないので黙々と励んでいたら、玄関外ベンチで談笑するお姉サマたちが声をかけてくれる。

「よくおやりになるわね。偉いわ」

「急な坂だから辛いでしょう」

私もお返しのコメント。

「ええ、怠け者の私には辛い坂ですよ。でも、どんなに歩いてもタダだから」

コガネ持ちの奥様や元奥様がのけぞってくれる。50代から入所できるが、私より若い男女も脚が悪く杖や歩行器の人が多いため、丈夫だの鍛えるだのという話はなるべく避けてちょうどいい。

ある日は、私が「ここは山の上で空気が美味しいわね。山の上というより雲の上にいる気がしない？　いよいよ雲上びとね」と〝高貴な〟ヨイショをしたつもり。

するとお姉サマが現実に引きずりおろす。

「私たちは籠の鳥よ」

ストレートな自嘲にドキンとするが、「姥捨て山」よりセンスのいい冗談だ。

ここライフケアA館は山の中腹に建っていて、マイクロバスで熱海駅まで約10分。山の上と熱海駅の双方からすり鉢状の下り坂が続き、すり鉢の底に官公庁や繁華街がある。

マイクロバスは午前に3回、午後2回くらいなので、それを外したときは1時間に2本の市バスに乗る。両方を組み合わせると麓への買い物には便利だが、当地へ来て間もなくに東京へ出て、帰りは夜9時3分の最終バスに間に合った。

喜んだのも束の間、熱海の名所「梅園」のひとつ先「澤田記念美術館」で下車すると、青森と同じくマックラ。街灯もバス道路だけで、美術館のほうへ折れると足元の小さなボンヤリ灯がたまにあるだけ。

何と私は夜の山道を歩くハメになるとは露知らず、懐中電灯も携帯電話も持ってなかったのだ。真っ暗な美術館を左に見て文字通り〝一寸先は闇〟の山道を、片足でさぐりながら歩を進める。砂利道の舗装されてない道なき道だから、穴や石に足を取られて転ぶか、土手を転がり落ちるのは十分に考えられた。

ようやく渓谷に出た。対岸の梅園を結ぶがっしりした木の橋には、足元のボンヤリ灯もなく漆黒の闇が広がる。昼間は渓谷の流れが優雅に自然をうたう名勝だが、夜の闇にこもった川音は幾倍にも膨れ上がり、襲いかかるような爆音があたりを圧するばかり。

「誰か助けてー！」

私の声など川音でかき消されるどころか、人っ子ひとり通らない。携帯電話を持っていればパトカーが助けに来てくれる立派な（？）状況だが、この分では本当に遭難するかもしれない。青森の暗闇よりも、ここは山の中だから事故の確率が高いと怖くなった。

「おばあさん、熱海の山で遭難死」

となるかも。やっぱり頑張って歩こう……。

10月の山中は凍え死ぬほどではないが、夜の秋風は冷たい。登り坂を足でさぐりながらも幾度か尻もちをついて、熱海は坂の街だとイヤというほど実感したのだった。

後日テレビの観光番組が「サンフランシスコは坂の街の代名詞」だと紹介したが、急勾配と絶景ぶりは熱海も負けていないと妙に力む私がいた。

熱海は花の街である。

東京より気温が3度ほど高い温暖の地熱海では、1月半ばごろから早春の主役である梅に前後して、早咲きのあたみ桜と桃が開花を競い、山々がいっせいに華やぐ。

桜花といえば奈良・吉野の千本桜の染井吉野をはじめ、東京・上野や新宿御苑など私の知る桜は白色が主だったが、熱海の早春の桜、梅、桃は濃いピンク色が主でむせかえるよう。

私が遭難しそこなった梅園は、ふくいくたる香りと共に可愛い顔が咲き揃った梅のそばで、頑なに堅い蕾を保つかのようなしだれ梅が目を引く。しだれ桜しか知らなかった私は、垂れ枝の見事なしだれ梅にそっと触れてみた。

館を数分後にしただけでたちまち花三昧に囲まれる贅沢さに、何とすばらしいところに越して来たんだろうと、コトの成り行きに感謝したくなる。散策の山道は観光客用に階段などが整備され、夜半に尻もちでもつかないかぎり、足の不自由な人も安全に楽しめる。

遅咲きのしだれ梅がほころぶころは、まさに百花繚乱。白色の桜花はもちろん、真紅の濃淡のボケ、枝々が垂直に天に伸びる照手桃はこぼれ落ちそうな濃いピンク、その他つつじ、すずらんのほかに、レンギョウ、山吹、ラッパ水仙など黄色の鮮やかさが取って替わるかのよう。

真紅のボケの足元に悩ましい百人一首があった。

立ちて思い　居てもそ思う　紅の
　赤裳《も》裾引き　去《い》にし姿を

大蔵忌寸麻呂

これを私流に解釈すると、既述した「会いたい　会いたい　会っていても会いたい」となる。想い人は孫とはかぎらない。

ふだんはほとんど忘れて過ごしていた自然の息吹を浴びると、眠っていた詩ごころや文学少女まがいの感性が刺激されて面白い。

満開の桜が山々の裾野を覆うと、まるで霞がたなびくような幻想的な美しさにわれを忘れる。思うに、吉野山や上野の山で花見客がカラオケをガンガン鳴らす無粋さが、ここ熱海にないことが大きいだろう。

熱海は観光ラッシュの街である。

私がバークレーから帰国した2月はじめ、熱海では梅見客が訪れだしていた。その数はまたたく間に膨れ上がり、連日祭りのような人、人、人で賑わう熱海梅園。花の競演は意外と長く、1月から4月の下旬まで各地から客をいざなう。

ところが、すり鉢底の官公庁街から梅園に向かう道路が1本しかないらしく、郵便局で昼食時間の迫った日にタクシーに乗ったら、来宮神社の手前から渋滞でビクともしない。ものすごく高い昼食になってしまった。

集団生活はけっこう時間に縛られる。前日の昼までにキャンセルすれば食事代は払わなくていいし、キャンセルが間に合わなければ食べなければいいだけの話だが、山の上の施設では近くにコンビニ1軒なく心細い。

私の腹はともかく、各地から押すな押すなと観光客が来る熱海市のかきいれどきなのに、客を運ぶ道路が1本しかないとは何というタイマン。

それを知ってか観光スタイルもハイキングスタイルも車道の両側の歩道を歩いて登る人も多いが、歩道とはとても言えない溝の石蓋の上を歩かせる〝山道〟が続く。グループとすれ違うときは車道に降りるか、からだを張ってセクハラを覚悟するところもある。いずれにせよ、山頂の別荘から高級車で移動する富裕層は知る由もない「日本一の観光都市」ではある。

昨日今日観光客が降って湧いたのではない。ライフケア・インテグレーション発行『熱海めぐり』によると、関ガ原をはさんで前後2回、徳川家康が熱海で湯治してから湯治場として多くの大名が訪れた、とある。頼朝・政子の出会いの地として有名な伊豆山、頼朝が源氏の再興を祈願したと伝えられる伊豆山神社も、熱海の歴史名所に網羅される「観光都市」。

その歴史的逸話に始まって近代の文豪たち太宰治、尾崎紅葉、坪内逍遥らに愛されたといわれる温泉地と、ブルーノ・タウトによる名建築などの文化遺産の数々、そして前述した冬・春の花名所、夏の花火とマリンリゾート、秋は「日本一遅い」紅葉が楽しめるもみじまつりなど、熱海の風物詩は一年中事欠かない（花火も一年中らしい）。

私が何を言いたいかというと、都心の商店街も地方の○○銀座もいまやシャッターが降りている店が多い、長年の不況による爪痕。客が賑わうのは週末と祝日くらいが現実だろうに、ここ熱海は観光が成り立っているというか、観光で成り立っているというか、むせかえるような人混みの季節が波状的に繰り返されるオドロキ。

にもかかわらず私が移転するたびに真っ先に訪れる役所は、住民登録と後期高齢課。後者に行ってバスのタダ券か割引券をくださいと言った。熱海でも。ところがカウンター前で客を振り分けているオジサン曰く、

「とんでもない。熱海は大企業もなく、税収がきわめて少ない貧しい自治体なので、よそがやってるようなサービスはありません」

とイバっているが、観光客が落とすマネーを思うとどうも信じ難い。事実ならば税金を使う優先順位が間違っているのかも。

施設の女性若手メンバーが「韓国・北朝鮮・中国の人はみんな悪い人よ」とのたまったが、

感覚だけで無責任なことを言ってはいけない。

本当に高齢者サービスはないのか、市役所にいつか突撃インタビューをしなければと考えた。


熱海は年寄りの街である。

すり鉢底にあるスーパー「マックスバリュー」に最初に行った日、年寄りであふれ返っている店内に驚いた。年寄り目当ての売り出し日だったのだろうが、既述した浦安の元気でリッチなシニア群と違って、杖や歩行器の買い物客も多く、全体がスローモーションのようにゆっくりと動いている。

競争店のないスーパーは青森の同店スーパーに比べ野菜・果物の高値が目についた。東京までJR普通快速で1時間40分、新幹線で50分の通勤圏だから、物価も都会並みかそれに準じるのだろう。都会といっても庶民の下町価格であって、都心の高級スーパーのそれではないが。

年寄りの熱気にくたくたになって出入り口の長椅子に腰をおろすと、日焼けした顔中に、見事なしわを刻んだおばあさんが話しかけてきた。ホームレスかもしれない。

「まったく安倍さんてダメよねえ。年寄りに何もしてくれなくて、貧乏人は追いつめられるばかりよ。こんなに希望のない国にした責任をどうやって取るつもりなんだろうね」

オッ、と思った私は自動販売機からお茶を2本買い、彼女にすすめながら応じた。

「本当にそうよね。この間のニュースで『女性の老後破産が増えた』と言ってたけど、破産する財産なんかないのが日本の多数のおばあさんでしょう。私もタダ働きの介護労働で国に搾取され、自分の財産をきずけなかったのよ。そこにパン売り場があるけど、よかったら買ってくるわよ」

「ううん、お茶だけでいい。とにかくいまの日本は首相からサギだもの。消費税も保険料も値上げするばっかりで、どうして首相をやっていられるのかわかんないわ」

「私たちの代表を直接選挙で選べないから、関心も遠のくわよね。希望のない国で増税で首をしめられて、年寄りが死んでいくのに、オリンピックをやるオカネはあるのよ。フシギな国だと思わない？　あ、ごめんなさい。バスの時間だからまたいつかここで会いましょうネ」

もっと明るく彼女を励ますべきだったかと、後悔しきり。いや、私は宗教家ではないのだから、神サマに一生懸命祈れば幸せになれますよ、なんてウソッパチは言えない。

夫の性暴力に悩む妻に対して、某大きな宗教団体の支部長が言ったものだ。

「ご主人様に感謝して感謝して感謝すれば、必ずわかってくれますよ」

高学歴の主婦たちがノートを取りながら熱心に聴くオルグ活動を、冷やかしに行った私は絶句。日本の教育は滅亡したと確信した。

さて、彼女たちの親や祖父母世代が暮らしているライフケアA館は大学卒もいれば小学校卒もいるため、高卒の私は低学歴と言えなくなってしまった。年齢は60代から90代までいるため、戦前の軍国主義教育から戦後の民主主義教育からバブルに洗脳された勝ち組負け組教育まで、実にバラエティーに富んだ男女がさりげなく暮らしているのが面白い。

海外あちこちで生活した国際派もさりげないし、カネ持ちそうな人もさりげないし、学も教養もありそうな人もさりげないから、私の挨拶は「オッス」から「ごきげんよう」までとテリトリーが広い。在日の人もいるから私の挨拶に「アンニョンハセヨ」が加わった。80代のキムさんに食堂でハングルを教えてもらう。

まあでも乱暴に言ってしまうと、個々の違いは当然あるが、経済力も文化度もわりと均質的なコガネ持ちの、元都会暮らしの男女が集まった感。食堂で同席してコミュニケーションに難があるのは、補聴器をつけていても耳の遠い人が数人いることくらい。

人づきあいが面倒だったり、水曜の夕食は酒の席ができるが毎日晩酌をやりたい人や、テレビをゆっくり観ながら食事したい人などは、オカモチで食事を自室に運ぶことができる。もちろん自炊をする人も多いらしい。

私はキッチン用品をすべて青森に置いてきたため、日に3度食堂で食べることにしたら、その贅沢さ快適さに目からうろこの日々。小学校入学から台所を手伝わされて以来、喜寿のこのトシまで70年間、よほどのことがない限り献立を考え買い物に行き食卓にバラエティーを持たせ、後半は後片づけを夫や子どもにさせたものの解放感のなかった家内奴隷という身分だった。

ひとり暮らしになってもその習慣から抜けきれず、命をつなぐ限り家事はついて回るものだと重要な日課にしていた。それが熱海へ来たら、後片づけもしなくていい3度3度の食事、月2回は男女3人が掃除に来てワイドな窓ガラスまで内外とも拭いてくれる、具合が悪い人は常駐のナースへ、買い物や歯医者へはドア・ツー・ドアのマイクロバスなど至れり尽くせり。

娘の電話に思わず叫んだ。

「信じられるぅ？　ここは天国みたいよ！」

もっと早く来ればよかった。もっと早くトシを取ればよかった、と地団駄踏む思い。こういうケアハウスが山のあちこちに点在しているそうだ。

熱海が温暖であることを含め年寄りが気に入って住み着いた結果、高齢者が多い街になったのではないかと、ふと思った。

熱海はナイスビューの街である。

ところが、私の部屋は山側にあり、窓からは真正面の坂道と両側の住宅しか見えない。その背景に屏風のように緑の山が広がるが、不思議なことに古くから住んでいる人もこの山の名を知らないのだ。私が聞いた誰もがである。

「登り口に〝あたみ峠〟と書いてあるけどねえ。山の名は聞いたことがない」

伊豆の山々でも箱根連山でもない、ただの〝山〟らしい。富士山とか八甲田山とか伊吹山などのように、屹立した山々は名前があるが、一蓮托生的な無個性の山は名前があっても記憶され難いのだろう。だからといって人々に無視されるわけではない。

「花の季節がひとわたり過ぎると、山々がすばらしい緑色になりますよ。わー、ミドリって叫びたくなるの」

詩的なご町内住民に、わー、シジンって叫びたくなる私だが、海側の景観には及ばないためにスポットライトを浴び難いのは事実だろう。

で、入所して間もなく、お向かいの米寿のFさんがお部屋に呼んでくれた。海側のほとんどは2Kにベランダのある、ひとり暮らしにほどよい大きさだ。ベランダからの眼下の眺めはまさにナイスビュー！　相模湾が洋々と広がる手前には緑の傾斜に白いマンションや赤い屋根のリゾートが点在し、美しく整った大きな箱庭のような景観は、「東洋のナポリ」や「南仏のニース」に例えられるそうな。

私はナポリもニースも行ったことがないが、バークレーの山の中腹からナイスビューを見おろすと、サンフランシスコの大都会やＳＦ湾が茫洋と広がるデッカサにまず息を呑む。それを思うと熱海の眺望は、左右に山が突き出て街を囲い込むようになっているため、まさに箱庭的な日本の美に目を奪われてしまう。

右側に突き出た山の上には、熱海城が海に面して建っていて絵になる。

「熱海城って関ガ原ではもちろん東軍よね。聞いたことないけど、殿サマって誰？」

Ｆさんが笑いながら教えてくれた。

「あれは昭和34年に、個人が観光用に建てたお城ですって」

お城のダミーとは笑ってしまう。

さて、左側に突き出た山の麓はナント新丹那トンネルである。新幹線がトンネルに吸い込まれると、眼下に見おろす私の股の下に新幹線が入って来たような不思議なエクスタシーを覚える。日本一贅沢でセクシーな絶景を楽しめるケアハウス——という楽しい会話ができる友人はまだ見つからないが。

前述の『熱海めぐり』によると、１９１８（大正７）年に始まる丹那トンネル建設は、当初の工費７７０万円、完工期限は7年だったが、殉職者67名を出す難工事で、完成までに16年の歳月と２６００万円もの巨費を費やした、とある。

丹那トンネルの北側に1964（昭和39）年に東海道新幹線用の新丹那トンネルが完成したそうだ。この日本最長のトンネルを可能にした強固な岩盤の上に、ケアハウスが建っているため地震が来ても大丈夫、という信頼というか信仰に近いものを、社員はもちろん入所者も持っているらしい。

火山列島のこの国では絶対にあり得ないとサメて聞いていた私も、東京の震度が3～4度の日に7階の部屋はグラリと1回揺れただけだと、信心しようかという気になる。もっとも10～11階の部屋はたんすの上の鏡が落ちたとか、神棚の位牌が落ちたと後で聞いた。

新丹那トンネルの岩盤も急勾配で、その登り坂に沿うようにケアハウスが建っているため、何階でも窓のすぐ外に坂道がついてくる。7階の窓でも道路に飛び下りられそうだが、よく見ると千尋の谷底に囲われていた。

フロントは3階にあり、その天井の高いワイドな窓ガラスから眺める海側の景観もすばらしい。海の色は天候により時間によってめまぐるしく変わる。赤潮のときは横線を引いたようにくっきりと2色に色分けされたり、カリフォルニアの海と空が一体となったライトブルーの輝きがここ熱海にもあるではないの。

寒天を流したような濃紺の海を見ていて、Fさんが私の想いを代弁してくれた。

「太平洋を歩いてアメリカへ行けそうね」

そういえば、海面の中程に浮かんでいるような初島と呼ぶ小島には、フェリーで渡ることができるが、サンフランシスコ湾にもアルカトラズ島が目前に見え、連日大勢の観光客をフェリーが運ぶ。

初島は生づくりが新鮮で美味しいそうで、そのうちぜひ行ってみたいと眺めているが、アルカトラズ島は元監獄を観光地にしただけで、観光客は鉄格子から手を出して「ヘルプミー」とやるのを写真に撮ると聞き、行く気にならない。

それよりも泳いで渡れそうな島に監獄を作ったのは、寒流の冷たさで凍死してしまうため脱獄は不可能だったという説と、いや、それでも脱出に成功した人がいたという説があるのが面白い。ハリウッド映画にはその双方を描いた作品があるらしい。

いずれにせよ私が熱海に親近感を抱いたのは、サンフランシスコのミニ版といった坂と海の絶景に魅せられたためだと判明した。人それぞれに抱く心の原風景がなつかしい刺激を得て、くっきりとした形や意識に現れてくるのかもしれない。

熱海はいい男の街である。

特にここライフケアA館の男たちは、日本の男にしてはタチのいいおじいさんらが集まったと思う。逆に言うと、以下に述べるくらいの礼儀や社交性がないと、集団生活はできないのではないかと考える。

まず女性や従業員に対して敬語で話すのがいい。耳が遠くても多少認知症が進行していても、ですますで受け答えするのが心地いい。会話の中で男の地が出て「女のくせに○○だ」みたいなことを言ったら、いじめてやろうとひそかに構えていたが言わないし、男ばかりが寄ったテーブルからも聞こえてこない。

前述した40周年記念行事の翌日、私とよく同じテーブルになるおじいさんが、「このときとばかりババア芸者を5人もよこしやがって」と口汚く〝男〟を出して、気分がよくなったらしい。彼も耳が遠いから声がデカイ上に、私がたしなめても聞こえないだろうと思って無視した。

彼は3回繰り返したが、近くにいる男たちも誰ひとり応じなかった。食事どきの話題としてはホットなのに、教養のある人たちだと確信できた次第。

アメリカにも男権論者は少なからずいるだろうが、口に出すと教養のない男だと笑われるため、腹の中にしまう時代になって久しい。日本では永遠にダメよね、とフェミニストの友人たちと話したが、どうしてどうして、人生の終着駅で男女平等の澄んだ空気の中で過ごせるとは意外だった。

ババア発言の彼もエレベーターの乗り降りではレディーファーストだし、身なりもきちんとしている。彼だけでなく妻に先立たれたひとり暮らしの男が多いだろうに、洗濯をはじめ身の回りの自立を果たし、ゴルフ、囲碁、ウクレレなどで積極的に交流する様がいい。

夫婦で入所している人たちも幾組かいて、認知症の妻に常に寄り添う夫を見ると、羨ましいような切ないような、胸に忘れていたさざ波が立つ。老いて真価を発揮する静かで深遠な夫婦愛なのか、単なる習慣としてのカップルなのか、失礼な憶測は慎みたいが幸せな奥さんではある。

部屋の前主のすみれ女史が退所する前に私のことを話していったらしく、私の仕事に温かい関心を持って近づいてくれる人たちがいて、人見知りする私には幸いだった。

中でもご夫婦で訪れて拙著を何冊も買ってくださり、食堂で顔が合うたびに私を喜ばせる質問を浴びせるやさしさは、いい入所仲間に恵まれたというより、保護者といった感がしてありがたい。会うと必ず服装を褒める夫婦のマメさに感嘆するばかり。

ほかの男女も毎回食堂で適当に入れ替わりつつ、さしさわりない会話で食事する様が珍しくて、周囲の人たちに言った。

「毎日合コンしているみたいね」

合コンで男友だちができるのでなく、右の夫サンを含めなぜか〝お父さん〟と呼びたいような、面倒見のいい男が目立つ。トシはあまり変わらないのに〝お父さん〟役になってしまうのは、私に新入り＝若いというイメージを抱くからかもしれない。

その中でも気になるというか、引っかかるフレーズで、私を茶化すような男性が3人いた。話の腰を折ってもと思い聞き流していたが、悪気がないことはわかっていてもうるさい。それは「門野さんのような人でも○○なんですか」だ。3人とも聴き上手で相槌の打ちかたは抜群だが、オチョクラレている気もする。意を決して別々に絡んでみた。

「門野さんのようなと言うとき、私をからかってるでしょ？　冠つきが不愉快だわ」

「とんでもない。逆ですよ。あなたのように若々しくて、話題が豊富で、ｅｔｃ」

すごい。アメリカン・ダンディー並みの社交辞令を、文字通りの社交辞令を、自然体で言える日本男子が育っていたとは——。たぶん留学や仕事で欧米の空気を吸って、磨かれてきた男たちかもしれないと思うが、プライバシーに踏み込むことは躊躇してしまう私。

社交辞令だけでなく、ユーモアも際立つ男たち。私がいつも独りで客足の途絶えた梅園を下って行き、そのまますり鉢底の繁華街まで歩き、ひと息入れて登り坂を戻ってくる定例コースが40分から1時間。その日の気分や気温で時間が異なるが、熱海駅まで足を伸ばすと1時間余から2時間のスペシャルコース。1日おき程度だが、膝や腰の痛みがなくなってしまった。婆あの一念とは恐ろしい。

だが、独りの散歩は危ないと言う彼ら。

「野生の猿はポリ袋の食べものを襲ってくるし、烏も同じように狙ってきて危ないですよ」

「私は蛇のほうが怖いわ」

「蛇も出るけど、烏は棒などで追い払うと顔を覚えて執念ぶかいからね」

「えーっ、顔を覚えるの？」

「烏は頭がいいから、顔も名前も覚えちゃってしつこいのよ」

とてもついていけない。

〝お母さん〟とは呼べないお姉サマの中にも私を若手として興味を持つ人たちがいて、すれ違いやエレベーターで「まあ、細いわねえ」「どうしてこんなに細いの」と、ウエストや二の腕を触ったりモミモミしたりする。

「やめろー、セクハラだ」

と言えないのは、相手が同性ゆえか。

私は160センチ、50キロといつも変わらないため、細いと言われるほどではないけれど、「偏食だから栄養失調なのよ」と言うことにした。

「気にするほどじゃないけど、おかしいよ」

悪友に電話で話すと、大笑いが返ってくる。

「あなたはそこのアイドルになったのよ」

77歳のアイドル？　自分でゾーッとする。

「で、恋人候補はいたの？」と彼女が聞く。

「皆紳士で会話のやり取りも気がきく人が少なくないけど、背中に男のイロケを滲ませた人はなかなかいないんだ」

「バカねえ。何歳の男たちよ」

「トシは関係ない。自分のセクシャリティーを意識して生きることだから」

いい男は館内ばかりでない。地方の小さな街のせいか、都会ではあり得ないうれしいことが次々と起こる。

買い物をしながらすり鉢状の登り坂を歩き出した日。からだの具合が悪くて振り返ってタクシーを探すと、ほぼ満員のバスが私の脇でとまった。

「乗りますか。どうしますか」

運転手さんの外アナウンスにお礼を言いながら乗せてもらった。熱海は都市銀行のひとつなく、映画館もディスコもないナンテ悪口を言って悪かった。小さな街だからこそ人の善意が見えるやさしいところなのだろう。

干物店で伝票を書いて財布を忘れて出てきたときも、店の主人が汗をかきながら追いかけてきて手渡してくれた。

「伝票見てA館サンへお届けしてもよかったんですが、財布がないと困ると思って」

「まあ、お手数かけてすみません。ボケボケね」

「うちの女房なんかしょっ中ですよ」

背中を見せて、とは言えなかった。

市役所や郵便局の親切な応対は仕事だからと思うけれど、男女ともに心地いい接客ぶりがうれしい。

また、道の凹凸につまづいてぶざまに転んだ日。抱き起こしてくれたのは学生風のオトマエだった。彼は私の手を強く握ってバス停の椅子に掛けさせ、怪我はしてないかとしゃがみ込んで聞く。そのとき彼と、バークレーの学生たちのやさしさが重なった。

この冬、ニューヨークで白人警官がアフリカ系2人を射殺した事件に抗議し、全米各地で学生と市民のデモが続いていた。バークレーでもUCB（バークレー大学）前での抗議が幾日も続き、夕食時も頭上にヘリコプターの爆音がひっきりなし。

流れ弾に当たるからと言う娘の制止を聞かずにUCBにひとりで向かう。歩いて10分だが、校門前で警官隊と学生・市民が睨みあって一触即発。これはヤバイとUCBメインストリートの歩道を足早に逃げ出すと、重装備の警官隊が催涙ガス弾を発砲し、学生らがわらわらと走って逃げてきた。押し倒されないように街路樹の陰に寄った私の脛を、思いきり蹴って逃げた大男。

あまりの痛さに膝を抱えてうずくまった。後方で警官隊のガス弾に学生の発煙筒で応戦する市街戦となり、ドンバリバリという爆音と煙が追いかけてくるが、立って逃げられない。すると、数人同士で逃げる学生らが私の手を握ったり引っぱったりし、一緒に逃げようとするのだ。誰もがガスや煙で目を赤くし、涙を流しながら「アー　ユー　ＯＫ?」「レッツゴー、トゥギャザー」と足を止める。

「アイム　ＯＫ。レリー　ゴー!」（「アナ雪」のパクリで応じる私）

ひと組を行かせると、別のペアが私の前にしゃがみ込んで両手を握る。何とか立てたとき、コリアンのペアが「アー　ユー　ＯＫ?」と言ったのに、「ケンチャナヨ、コマスミダ（大丈夫、ありがとう）」と返すと、私を抱きかかえるようにして脇道に折れてくれた。韓流ドラマにハマってよかった。

市街戦の緊迫したさ中でも年寄りに手を差しのべる若者たちのやさしさ。家路に向かう私の頬を流れ落ちるのは、催涙ガスの涙ばかりではなかった。

帰宅してテレビニュースを観ると、市街戦の近くで白髭のおじいさんが両腕を広げて言う。

「これがバークレーだ!」

バークレーは60年代から起こったさまざまな権利運動の発祥の地である。

バークレーと熱海の若者のやさしさはさておいて、熱海のいい男だけ言及するのは女男差別だとお思いかもしれないが、男の自立・女の自立をいい男女の目標にしたのは私の時代も中高年まで。一般社会ではその目標が必要な頑固オヤジもいるだろうが、ここケアハウスでは男女ともに自立した人ばかりなので、いまさら〝雨夜の品定め〟をする意味がない。

経済的自立の件も入所者は全員コガネ持ちと前述したが、コガネもピンキリらしく、他の街に邸宅を持って熱海の当館と行き来する夫婦をはじめ、当館を別荘とする人たちはピン。その一方、限りなく「舟底一枚層」に近く、明日をも知れぬ心細さを抱える私のような人もいるだろう。調べたわけではないが、つましい人たちをキリとしたら、子どもに費用を払ってもらっている人はキリとは言えないかも。

その中間層が一番多いと思うが、男たちの厚生年金はもちろん、元教師らキャリアウーマンの同年金、遺族年金の妻たちなど多様なコガネ持ちは、現代の高齢者像の典型といえるだろう。いずれにせよ、離婚して「家制度」から脱走した私は遺族年金もなく、老いてからこの国にリベンジされるとは思わなかった。

さて、生活的自立も既述したように、施設で食事を作ってもらえれば自立しなくていいし、洗濯は各自だが洗濯室にズラリとマシーンが並んでコインは要らないから、わが身ひとつ、多い人でふたつ、嫌でもきれい好きになる。洗濯室でアイロンがけをする男の立ち姿もカッコいい。広い乾燥室にはピンと紐を張りめぐらしてあり、24時間干し物を暖房と扇風機で乾かすため、ドライヤーより布を傷めない。

入浴も地下に温泉大浴場があり、ふんだんに温泉が溢れ出ていて、15時から21時まで月曜日を除く毎日入りたい放題だから、毎日入っている人もいる。各部屋にトイレ・バスがあるけれども、バスはほとんどの人が物置にしているらしい。私も大きな衣装箱を2つ、湯舟の中に入れているが、山側の部屋は海側より大きくて16畳くらいの1ルーム。

2方は総窓で明るく、あとの2方は押入とクローゼットと戸袋のため、私の荷物は全部入ってしまった。ガランとした1ルームはすみれ女史が敷きつめたぶ厚い絨毯と、真中に丸テーブルと椅子2つ、左右の隅っこにベッドと机・椅子だけ。訪れた人の第一声はきまって「あら、広いわねえ」。

次は社会的（精神的）自立とやらだが、家族から身をもぎ離して個を生きる男女は、立派に自立していて文句のつけようがない。中には不本意の人もいるだろうが、24時間丸ごと自分のものという生活を味わってしまうと、ヨメに気を遣う暮らしなど真っ平となるかも。

本書で私は「孤独な老後」と記したが、孤独は悪いこと辛いことではなく、快適な自立に必要な時間なのである。独りの自由を求めてサッサと社会的自立をした友も多いが、私は孤独な時間と孫とのスキンシップの時間と両方欲しいので、太平洋を行き来している。

では「舟底一枚層」や「老後破産」をした人々、経済的にも社会的にも自立できず、孤独地獄をのたうち回る高齢者はどうするのだとおっしゃるムキには、それは私が考えることではないと申し上げる。免罪符よろしく「すべての高齢者の尊厳を守りたい」などとシラジラしいことは言いたくない。シラジラしいことを言って給料や謝礼をもらう人々に突きつけてくだされ。

ここで言いたかったのは、かつて自立自立と草木もなびくほどの時代があって、子どもや老親をみている専業主婦は能なしだとフェミニストらにたたかれ（私はフェミニズムとも闘った）、能なしの私にとって自立は虹の彼方にあるものだと思っていた。

ところが人生の終着駅にたどり着いたら、男も女も何げなく自立を果たしている人ばかりで、私はいったい何に悩んできたんだろうとキョトンとしているのである。そういえば、フェミニズムには女の自立・男の自立や女の地位向上の命題はあったが、老いの自立や老人の地位向上問題はなかった。

みーんな悩んでトシを取る近未来の差別問題は、エリート女史らの視座に入らなかったのだろう。立派に自立している彼女らに老いの不安はなかったろうから。

さて、もうひとつ自立のカテゴリーがある。性の自立である。自立論の大合唱の時代ですら、日本では性の自立が無視・軽視されてきた。

性の言行は男の裏文化としてのみ繁栄し、陽の下で、特に女が自分のセクシャリティーに関心を持つことは、下品な恥ずべきものとする性の鎖国下で生きてきた多くの女たち。

それもこれも「もう終わった」と終止符を打てるのが高齢化のよさだろう。終わったことが性の自立とはイコールではないけれど、〝恥ずかしく下品なこと〟を過去のこととして克服できたなら、それは自立に共通する清々しさを伴うに違いない。

本能を「終わった」とすることがどういうことなのか私にはわからないけれど、老いをマイナスでとらえる強者の論理社会で、老いることのプラスを実感できる「性と生の自立」こそ、100年をサバイバルする確かな道標となるだろう。

Part ⓬

安らかに黄泉の国へ旅立つために

熱海市の高齢者対策

熱海市役所にはもう幾度も訪れた気安さから、アポも取らずに高齢者対策の件を伺いたいとお願いしてみたら、男性職員ふたりが快く応じてくれた。長寿介護課の担当者である。

熱海の高齢化率は約43％以上だそうだ。

——高いですねえ。

「ええ、高いですね。静岡県内でも市だと1番高い。町を入れても3番目に高いんですよ。お年寄りがこれだけ多く、人口も減っているので、やはり税収が少なくなりますね」

——熱海市の人口はどれくらいですか。

「約3万8600名です」

——えーっ、ウソー。じゃあこの中の43％？

「ええ、約1万6600人ですね」

——わー、タダのバス券がもらえないなんて言えなくなっちゃう。でも何でタダ券がないの？

「昔はあったらしいんですけど、もっと市民に喜んでいただけるよりよい敬老事業に変えていこうと思いまして」

――よりよい敬老事業とは何ですか。

「敬老大会も復活し、大々的になったのは数年前からですが、イベントをやっています。最近は地区ごとに開催する分散型の敬老大会に補助金を出すという自治体も増えているようですが、熱海市は市内のホテルを借りて、大勢でドーンとやりましょうと9月、10月の2日間、市内の地区を分けて70歳以上のかたを対象に開催しています」

――ドーンと何を？　飲めや歌えやですか？

「多少の負担金はいただくんですが、お弁当を食べながらホテルで楽しく過ごしていただこうと、温泉に入ったりショーを観たり……」

――歌謡ショーですか？

「いえ、幼児によるお遊戯や、日本舞踊のお師匠さんの舞いや民謡、ジャズ演奏、落語など毎年出し物は変わりますが、敬老のお祝いの心をこめたイベントです。あと記念事業としては最高齢者および年度中に１００歳を迎えるかたに、市長が記念品を持ってお祝いに上がります。ご希望されれば、ですが」

――金一封ですか？

「いえ、最近は布団セットが多いですね。市役所ですので業者さんに入札してもらって、一番安いところから購入しますので、おひとりいくらとは計算できません」

――布団セットとはいいですね（ショボイとは言えない。でも100歳で布団をもらってすぐ使えなくなるなら、80歳でもらったほうが布団も喜ぶのに）。

「熱海らしい事業としては、福祉センターの温泉に平日の10時～3時、60歳以上と障がい者のかたが無料で入れます。レクリエーションの部屋では囲碁とか将棋、3階のホールではテレビを観てくつろいでいらっしゃいますね。

在宅の高齢者にはいくつかの福祉サービスがありますが、例えば給食サービスがあり、業者に委託して安価で配達じています。介護を受けてない人も条件が合えば可能ですよ」

――食の問題は高齢者にとって大変ですから助かりますね。で、平日の何食ですか？

「昼食だけです」

――（ム……ちょっとずつショボイ……）生活保護の件について伺っていいですか。

「生保受給者は約1.7％で、国の平均とほぼ同じです。県内だと熱海は2番目に高いですね。1番目は伊東市、3番目は下田市と伊豆半島の東海岸で占めています」

――熱海はひところの勢いがなくて、とよく聞くんですけど、温泉街として栄えたのは何年ごろだったのですか。

「昭和40～50年のころで、41年の人口が約5万4千人でピークでした。住民登録をしている市民の数ですね。熱海を訪れるお客さんは年間平均約290万人になります」

——少子高齢化は全国共通でしょうが、熱海市が平均を上回る事情は何でしょうか。ここは東京や横浜が近いので若い人が出て行ってしまうとか。

「出て行っちゃいます。熱海はホテルや旅館はありますが、会社・工場がないんですよ。若い人の働き場所が少ないんです。また、自然環境（温泉、海山の自然）のよさからリタイアされたかたがたが引っ越してこられるので、それでよけい高齢化が目立つところがありますね」

——そういう寂しい現実と、あふれるような観光客の光景が何ともちぐはぐなんですが、一説によると、新幹線のために日帰りの観光客が増えて宿泊しないため儲からないとか。

「ここ2、3年は宿泊客も伸びていますよ。ま、人口減で税収は決して多いとは言えませんが、コト高齢者の街ですので、やるべきことはやっています。課題はいろいろありますけど、高齢のかたにもできるだけ外に出て元気に過ごしていただけるような、外出支援事業に力を入れていきたいと思っています」

——今後の1番の課題というか願いは何ですか？

「何とかもっと人口が増えてくれるとうれしいですね」

ライフケアA館のディレクターにインタビュー

再びライフケアA館に戻りたい。

そういう〝高齢者の街熱海〟の、山の上で暮らす人々の誇り高さと心細さが少し見えてきた。だが、この〝光と影〟はコト施設の固有の事情ではなく、年寄りが家族と離れて暮らす時代の高齢者の居場所として普遍的な問題だろうと思う。熱海市の市政事情もしかりで、少子高齢化問題はどこの自治体にとっても五十歩百歩。少し突出しているだけかも。

ただ、一般的な施設の内部事情は、金額以外でもこれまたピンキリらしいので、施設を選ぶ側の判断材料の意味でも、当施設の過去から現在までをA館のディレクターの話を中心に見ていきたい。

企業の先進性は当然のこととはいえ、設立40周年という長い歳月以前にこの事業を考え準備した助走期間を思うと、ライフケアの先見の明に驚く。70年代、家族制度がきしみ始める以前に、年寄りばかりの時代がくることを予想するのは難しい。

「創業社長がアメリカ各地の施設を視察に行かれましたのが、昭和46年に着工する数年前ですね。当時は高齢者の施設というといわゆる養老院で、姥捨て山的な発想がある中で、定年後のサラリーマンが楽しく老後を過ごせる居場所を作ろうとしたそうです。

その10年後に僕は新入社員になりましたが、自分の両親を入れたいと新入社員の誰も言わなかった（笑）」

——子どもが親を看るのが当たり前の時代だったからでしょう？

「そうですね。当時は競争会社もまだなくて、当館がパイオニア的ないい時代でした。90年代のバブル期になると、大手企業も高齢者マンション建設に参入してきて、競争が激しくなりましたね。台湾進出に次いで、バブル以降は札幌、千葉、横浜などにライフケアだけでなく、ニュータウン構想の中で一般住宅マンションと高齢者のそれとの融合を図りました」

——先駆的なモデルでしたでしょう？

「他社と競争で入札して決まるのですが、高齢者ライフケアと住宅マンションの共存は弊社だけでした。特に千葉のニュータウンは若夫婦世帯と老親世帯を中庭の扉でつなぐというように、2世帯同居でなく共存を明確に意図しました」

——姥捨てでなく共生になったんですね（笑）。

——私が当施設で感心したのは、80、90代の男女も多いのに、ほとんどの人が自分の意思で入所したようにお見受けしたことです。

「そうなんです。たまに入所直前で話が壊れる場合は、息子さんなどご家族が、老親を施設に入れるのは世間体が悪いと反対するためですね」
――古くて新しい問題ですね。子ども世代の意識が遅れているのか、遺産を離すまいとするか、でしょう。

実際に入所しないと、そのよさも悪さもわからない。施設の悪さではなく、環境としての不満が皆の口の端にのぼることは、近くにコンビニがない、熱海に映画館がない、都市銀行がない、大型量販店がないなどないないづくし。デパートがない、劇場がないにいたっては冗談の域だが、その脱都会のせいで豊かな自然に恵まれ、人混みが少ない良さを満喫できることをわかっているためか、声高にならない。

反対に小さなローカルの街だからこその長所はいくらもある。ときおり有線放送から行方不明になった年寄りの特徴が知らされ、協力を呼びかけられる。都心でもやっていると思うが、ここは山の上でアナウンスがこだまして独特の緊迫感がある。夕方、年寄りが見つかったことと、ご協力ありがとうございましたのアナウンスに、思わずホッとして微笑んでしまう。

明日はわが身だという緊張が緩んで微笑むのかも。伊豆の山で猪が出たとの報も入り、山頂の危険が伴う〝迷子〟ではある。

ライフケアA館独自のバージョンもある。

「当館付近に猿が出没しています。窓をしめてご注意ください」

のどかな、と言ったら当事者サンたちに叱られそうだが、都会では考えられない〝動く自然〟にニヤリとしながら、窓の外を見つめたりして。いのちが伸びやかになるようなエピソードには事欠かない。

すり鉢底にあるスーパーにしても、競争店がないことは消費者には不利なのだが、他に店がないため入所仲間に何人にも会えるのがいい。特売品を教えてくれたり、マイクロバスの時間を促してくれたり、ワリカンでタクシーで帰ってきたり、毎日のびのびと遊んで暮らす〝老人天国〟を実感できる。

当館に面会に来た男性家族が言ったそうな。

「ここの女性たちが明るくのびのびとしているのは、毎日の食事づくりから解放されているからでしょうね」

食は命の源だとはわかっている。食事作りが家族の命を育む尊い営みだとも承知している。だからその任務から解放されたとき、自分の存在価値を喪失したようで、ひどく落ちこむだろうと予想していた。

ところが時間がくれば食事が並ぶ。そのための献立、買い物、料理、後片づけ、家計のやりくりなど一切しなくともよく、しかも安価で栄養のバランスも計算されていて言うことなし。嫌いなものは食べなければいいだけ。この意外な解放感は家事嫌いの私だからと思ったが、どうやら違うようだ。

「あんまり幸せでバチが当たりそうね」

「女は子育て・介護と忙しく生きてきたから、神サマからのプレゼントなのよ。ありがたくいただいて楽しみましょう」

入所メンバーも同じような〝日本の女〟をやってきた人がほとんどだから、同じ感慨を抱いているのかも。

「ここで死んでいけますか」

――ここのウリは何といっても食事ですよね。手のこんだ料理、さまざまな器、おしゃれなデコレーションなど、安い予算で真心を盛るプロの心意気が伝わってきます。

「ライフケアの食事事業推進室という部署がありまして、もともとの理想・理念からお皿はこの程度のものとか、欠けた器は使わないとか、食材だけでなく楽しんで召し上がっていただくための落とせないラインがあります」

コックは各ライフケアを移動してキャリアを積んだり、時折料理の説明をした後テーブルを回って感想を聴いたりなど努力する様がわかって、人参やピーマンを残しては申し訳ないと思う。思うだけだが。

厨房にはその他4、5人のサブが活躍している。

コックもすごいけれど、ウエイトレスもすごい。私が食堂に着席した日から「はい、門野さん、お待ちどうさま」と名前を呼びながら運んでくる。特に汁もの焼きものは着席してから運んでくれる上に、客は昼食はいらないとか、夕食は来客の分もなどと一定ではないから大変だろう。

ふたりのウエイトレスが客の顔と名を覚え、自室で食す人のオカモチを用意し、具合の悪い人には粥などを部屋に運ぶようだ。まさにライフケアである。

やってもやってもきりがない食の問題を他者の手に委ねた老後の贅沢。後ろ髪を引かれるとか、女のアイデンティティーが危うくなるとか、閻魔サマにお尻をペンペンされるとか、何か罰を受けそうだが今のところ何もない。もしかすると女の苦業から逃れられた報いは、認知症の早期到来・早期闘病になるのかも。

——私、ここへ来てすごいすごいの連続ですけど、そのひとつが組合がちゃんと機能しているんですね。エラそうに言って何ですけど、いわゆる御用組合でないことがすごい。組合の議事録を読んでいましたら、最近の食事が味、質ともに落ちてきた、月4万円を値上げしないで元へ戻してほしいとか、駐車場の料金を組合が値上げしようとしたらメンバー利用者が反対したとか、組合が生きているんですよ。組合の文書を読んで大笑いしたのは今回が初めてです。

「まだできて2、3年の組合ですよ。それまではメンバーの町内会のようなものが管理組合と同じ仕事をやってきたんです。私も組合の理事のひとりですが（笑）、真面目に長時間会議をやっていますね。土曜日の2時から始めて夕食時間だから終わろうと（笑）目いっぱいやってますが、先日は夜6時から9時過ぎまで……」

——会議は踊る、だったんですね。いいなあ。

管理組合の議題は修繕積立金や建物の長期修繕問題などが主で、踊るような会議になり難いとは思うけれど、〝町内会のようなもの〟のほうはクラブ活動のようなレクリエーションが盛ん。とりわけ季節の行事は半端でなく、その度ロビーが花やぐ。クリスマスにはデッカいツリーを飾るのに梯子に上った男性らも活躍し、3月は豪華な雛人形を飾って白酒とあられで祝い、5月は端午の節句の五月人形を飾って柏餅で祝う。ロビーの外では大鯉のぼり5匹が泳ぐ。

私は夏と冬に渡米するためお祝い行事には参加できなかったが、この5月の節句には列席できた。〝町内会のようなもの〟の会長は日本のアニメ界の先達であり、ただの町内会会長ではない彼の格調高い挨拶でオープニングだ。

「毎年同じエピソードで話をするようで……」

と謙遜するが、

(すぐ忘れてしまう人ばかりだから、毎年同じ話でいいじゃん)

と私の野次は小さい。隣は「オッス」と挨拶する高齢のお姉サマ。元公務員だ。

次に「A館アイランダーズ・テン」というウクレレ同好会のライブが始まる。これまた「オッス」族のバンドマスターは、スウェーデンを長年仕事で行き来しているいい女。

「アンコールは1曲だけ用意しています」

(アンコールを要求するライブなんて初めて)

と笑いをこらえる私に、お姉サマ曰く、

(正直でいいね)

結成3年、メンバー12人のウクレレにオカリナの〝お父さん〟ひとりという演奏は「富士は日本一の山」「鯉のぼり」「背くらべ」「バラが咲いた」など国民的ナツメロ。黙って聴いていてはダメ、歌詞を配られて歌わなければ柏餅が食えない仕組みだが、これはかなりツラい。文部省唱歌に首までつかった白髪男女の光景はレトロすぎて怖いぞ。

大きな拍手と同時に私の膝から柏餅が落ちた。あわてて拾って膝に載せ、拍手の最後尾に加わるとお姉サマが低く言った。

「遅いよ」

拍手は静かに消えた。誰もアンコールを言わなかった。私は「遅いよ」の語調の妙がおかしくて涙を流して笑っていた。

バンドマスターが途方に暮れてマイクを握る。

「アンコールがないのでやるべきかどうか迷っていますが」

「やれーっ！」「やってー！」

笑っていて悪かった。最後の曲が流れた。曲名は何だったかいまだに思い出せない――。

後日、当ウクレレ同好会は地方テレビで放映された。バンマスがメンバーを「ヤングシニア」と紹介したように、誰もが若々しく輝いて老いの新時代を象徴するかのようだった。

私が熱海へ来て契約前にライフケアA館の社員に会ったとき、最初に確認したことは「ここで死んでいけますか」だった。

「そのかたのそのときの状況によりますから、必ずしもお部屋で亡くなるとは限りません。救急車で病院に運ばれて3日後とか1週間後にお亡くなりになるかたもいらっしゃいます」

もちろん自室で自然死を迎える人もいるとのことに、最終的に入所を決めた。だが、どういう状態で三途の川を渡ろうとするのかは、皆目わからない。自分の意思を伝えられない状態で病院に運ばれ、手術されたりスパゲティ症候群にされたりしてはかなわない。

北欧に取材に行ったときも、施設で悠々自適を楽しむ老女性が、唯一の心配ごととして家族が延命治療を図ることを恐れていた。遺言に明記していても、家族がそれを守るかどうか信じられないと言うのである。財産の有無、家族との愛情関係、経済事情によっても微妙に異なる難しい最期の問題だと思う。

ディレクターへのインタビューに戻ろう。

——A館では手厚い介護を受けたい人用に別館があるんですよね。

「あ、ケアホテルのことですね。あちらは介護つき有料老人ホームでして、スタッフの人数構成が全然違います」

介護つきはどこでも高いけれど、常にマンツーマンで介護してもらえるため、まったく知らない所へ行くよりは同じ系列のほうがメリットが大きいと思う。

——当館でも健康管理室にナースが常駐しているし、ドクターは月2回来て薬も指示してくれるし、何よりもプロがいる安心感が大きいですね。

「こちらはナースひとりで100人のかたを担当してますし、ヘルパーふたりはフロント業務がメインですが、急患が出たときはヘルパーもお手伝いします」

――でも入浴の介助などに他のヘルパーが来ているようですが。

「それは『ライブリーケア熱海』という部署で、ヘルパー派遣事業をやっておりまして、認定されたかたのところへ介護保険のヘルパーが訪問介護しています」

たとえば脚の不自由な人が週4回各1時間の入浴介助を、1割の自己負担金でヘルパーにしてもらっているのを見ると、もう介護保険の悪口を言うのはよそうかという気になる。

その矢先に保険料値上げ、さらに査定を厳しくするとなったから、ふざけるな、どっちかにしろとまっすぐになりかけたヘソを再び曲げなければならない。まるで早く逝けと言わんばかり。

「ナースは週5日ここで寝泊まりもしますので、週2日の代替ナースも同じくです。プロがいる安心感があってのライフケアですからね」

セクシャル・アビューズの健診

健康管理室ではドクターの健康相談のほか、ケアマネージャーによる介護相談もある。そして常駐のナースは、健康相談、個々の薬の管理から、救急車に同乗して患者の状態を大病院のドクターに説明してくれる心強い存在だ。

歯科関係の大御所だったという高齢者を訪ねた日、彼女がA館に入ろうとしたら、彼女の友人が「A館は救急車を呼ぶだけで何もやってくれない」と言ったため、ふつうのマンションで宅配弁当を食べるひとり暮らし。介護保険のヘルパーは来ているが、ここでも情報不足の不自由さは否めない。

私は週5日勤務のナースに、「安楽死の権利」（手術や延命治療を一切拒否する）私の希望を、関係者に伝えておくにはどうすべきかを相談した日。福祉法人のプロにカモられて、青森まで行った私の〝劣化状態〟についてもどう思うかと聞いてみた。

「まあ、大変でしたねえ。門野さんの揺れた気持ち、よくわかります。ご著書を読んでいてスタッフとして迎えたいと言われたことは、門野さんのお仕事を評価されたことですから、すごくうれしいですよね。

私だって大病院の婦長として迎えたいと言われたら、これまでの仕事を評価されたわけですから、ホイホイと行っちゃうかもしれませんよ」

ナースはバッチリとカール・ロジャーズの共感的理解で聴き、私を癒やしてくれた。やはり私はここへ来るべくして来たのだと合点がいった次第。

ここへ来たとき、健康診断書の提出を求められ、近所のクリニックで1万数千円も取られた（医療保険が機能してない）。診断書にはどの項目も「異常なし」だったが、最後の精神神経系は「異常なし」の下に「認知症あり」と記され、備考欄に「入所にはさしつかえない」とあった。認知症に関しては何の診察もされてないが、血液でわかるそうだから、警告として受け止めようと思う。

ヤラレタと思ったのは、上半身を脱いでベッドに横になれと言われ、何ひとつ説明もなくいきなり両乳房をドクターの両手でガーッと抑えつけられたのだ。高齢のゴツい男の両手は乳房を抑えつけたまま上下に往復し、それを数回やってシャアシャアと言った。

「乳ガンはないようだね」

あまりの驚愕に声も出なかった。老いた女が舐められて、老いた男に弄ばれる図である。私がビンタをはらなかったのは、もしかすると正当な診察行為かもしれないと迷ったためだが、長年健診を受けてきてこんなことは一度もされた覚えはない。

この本を仕上げたら医師会へ確認に行こうと帰途についたが、恐怖と屈辱の中でも他者による刺激によってリビドーさまが起きてしまい、自分のコントロール下へ戻すのにモンモンとして歩き回った。「やられた女もうれしがっていた」と強姦魔が正当化する論理である。あるいはハダカになってベッドに横たわった私に、「スキがあった」とホザクのか？

この件も青森の件も、専門家が既得権にあぐらをかく人権侵害を味わうと、自分で自分の身を守れない老衰が恐ろしくてたまらない。

そうかと思うと、私が遅い時間に入浴に行くと2、3人しかおらず、ときには独りだけでのびのびと溢れる湯船に浸かる。温泉に溶けそうになって脱衣所に上がってくると、先ほどおやすみなさいと挨拶した姉妹がまだ話している。

「ごゆっくりですね。湯冷めなさいませんか」

と私が髪を拭きながら言うと、

「あなたがお独りになったので、どなたかがいらっしゃるまで待っていたんですよ」

私は恥ずかしくて真赤になった。風呂での事故がもっとも多いと知りながら、自分のことしか考えてない愚かさがもろに出てしまった。

「まあ、すみません。ありがとうございます」

「いいえ、どなたも心がけていることですし、お互い様ですよ」

この相互扶助態勢は他のメンバーも心がけていた。それからはテレビのために風呂を飛び出さないようにしている。せめて。

ディレクターに再び戻る。

——ところで、ここは賃貸のお部屋もあるんですね。

「ええ、階数と部屋の広さによって価格は少し変わりますが、食費を別にして月8万円から11万円くらいです。賃貸はここを出るときに部屋を売らなくていい手軽さがありますね」

――いろいろ聞いてすみませんが、入所者の中で生活保護を受けている人はいらっしゃいますか？

「以前、おひとりいらっしゃいましたが、手続き中に病院で亡くなりました。それまでの費用も預かり金の範囲内で済みました。入院生活が長くなれば生保をもらったと思いますが」

――では、ラストクエスチョンです。現在のライフケアA館にご両親を入所させたいと思われますか？

「両親はとうに他界しましたが、僕が退職したらここに入りたいと思います（笑）」

五月晴れの陽の下でうぐいすが惜し気もなく鳴いている。今日はコロラチュラだ。

セクシャル・アビューズに遭った私はどうにもおさまらず、後日、熱海医師会を訪れた。繁華街の海岸寄りにある会館には女性事務員がふたりいて、会長は滅多にここには来ない、と言う。事務員にコトの次第を話し、会長に伝えてほしいと言って帰ってきた。

どうせ証拠も何もないできごとだから、ドクターがお尻ペンペンされるはずがないが、会長ともどもどういう反応をするか知りたかった。

老いてゆくということが心身の衰退だけでも不安で恐ろしいのに、有用でなくなった社会的な軽視や侮辱を専門家や関係者に、さらに振りこめ詐欺などで一般人に、いたぶられ傷つけられる実態に迫りたいのが本書の趣旨である。

何でこんな目に遭わなければならないのかと驚きおびえながら、怖くて恥ずかしくて泣き寝入りしてしまう年寄りがどんなに多いことかと思う。特に性的な被害を女性高齢者が口にすれば、「女でなくなった婆あが何を狂ったか」と変人扱いされるのが関の山だろう。

しかし女性高齢者が性的対象視されるわずらわしい現実は、誰もが何歳になっても経験しているはずだ。女を褒める好意的社交的関心とは一線を画す、性的侮辱の対象としてセクシャル・ハラスメントやセクシャル・アビューズされる人権侵害を、だ。

で、熱海医師会会長はどうしたか。私に確認の電話のひとつもなかったが、約1カ月後、事務員を通してコメントしてきた。

「ドクターがハダカにしたのは心電図をとるためで、それ以外のことはいっさいやっていないそうです。同室で見ていたナースふたりの証言もあります」

現場でもおさえないかぎり、いかなる犯行も「やったろう」と聞かれれば「やってない」と言うに決まっている。ましてや個人病院に雇われているナースがアビューズを目撃して、「乳ガンはないようだな、と言いました」と言えばたちまちクビになるだろう。同じ穴のムジナが口裏を合わせれば何だってできる。

そこで私はとっておきの友人を思い出した。かつて公的な婦人保護施設で働き、現在は女性相談の現場で活躍している埼玉県在住のWさん（65歳）である。

時差ボケもものかわ久々に顔を合わせた日は、くしくも9月の第3月曜という「敬老の日」だった。

——相変わらずご活躍でうれしいわ。

「門野さんの話を聞いた数日前に、70歳の友人から電話があってね、乳ガンの検診を受けに行ってすごく嫌な思いをしたと言うの。

担当の男性医師が事前に説明したことは、女性ホルモンが少なくなると乳腺がなくなってエックス線に黒く映る、というものだった。彼は友人のエックス線写真を見ながら何て言ったと思う？「やー、お盛んですなあ！」だって。彼女の写真にはかなり白い部分があったのね。ちなみに夫サンは74歳でご健在」

——何と無神経なことを言うのよ。立派なセクシャル・ハラスメントじゃない。

「彼女の固い表情を見て医師はまずいと思ったか、すぐフォーマルな口調に戻って診察が終わったそうだけど、彼女は抗議できなかった自分にも腹が立つと自分を責める」

――日本の女はやさしく作られているから自分をいじめちゃう。やったほうが悪いにもかかわらず、後遺症はやりきれないわねえ。

私も青森でカモられた件を忘れないうちにと書いたけど、複数の人たちが傷つくと思うとあっちを削りこっちを削り（笑）、それなら出版しなければいいとなると、私はひとりで勝手に青森へ行って死ぬほど辛い思いをしたわけ？　社会的に問題があることだけ残したつもりだけど、もし名誉毀損で訴えられたら素直に受けて立つ。騙された年寄りの何が悪かったのか司法に裁いてもらい、刑務所でもどこへでも入るわ。弁護も執行猶予もいらない。だって刑務所って家賃も食費もいらなくて日本一安全なところよ。病気になればタダで入院させてくれるし、施設より目が行き届いて死ねるかもネ（笑）。

「私も今年から高齢者の仲間入りをしたわけだけど、長寿社会になったと素直に喜べない。ものすごい格差がすすんできていて、シングルマザーが仕事を2つも3つもかけ持ちしても食費が出ないとか、少ない年金で家賃を払うと医者に行くお金がないという、〝下流老人〟が増えている話ばかり」

――私が言った〝舟底一枚層〟の舟底が壊れると、〝下流老人〟という階層になるわけね。

「行政が今年15年の4月から『生活困窮者自立支援制度』をスタートさせたけど、ワンストップと言いながらも、相変わらず窓口のたらい回しが多い。

よく言われるように、生活困窮者は、貧困から抜け出すために必要な情報を得る手だてをなかなか持てない。裏切られたり冷たい対応をされたりして生きるうちに、周りにＳＯＳを上手に出せなくなり、突っぱって生きるうちにどんどん追いこまれていってしまう」

──よくわかるわ。人を信じられなくなると悪循環になってくるのね。

「蒸発した夫の借金を背負わされて、アパートを追い出された60代の女性がホームレスになったケースだけど、彼女は自己破産制度も生活保護制度も知らなかった。夜の公園でホームレスの男たちから輪姦されて、結局そのひとりと〝結婚〟。その男にはさせるわけは、そうでもしないとホームレスの中で生きていけないから、と話していた」

──エリート女性が言うには、高学歴と低学歴の違いは、必要な情報を得る方法と量が圧倒的に異なるって。まあ、一理あるわよね。

「若くて体力があるホームレスの女性は、絶対夜は寝なかったと言ったわ。夜は歩き回って、日中明るい公園でからだを休めていたそうなの。でも、体力的にきつくなった高齢女性は、誰かと〝夫婦〟にならないと、ホームレス社会の中では生きていけなかったと話していた。これが現実なのよ」

──台東区山谷では５００円で売春して生きるホームレス女性の話を聞いたわ。売買春のあるところにはレイプもＤＶも隣り合わせでしょう。女は悪い意味で最後まで性的存在であることがやりきれないわね。

――ところで、高齢者のセクシャル・ハラスメントやアビューズに戻って、法的裏付けを教えてください。確か10年くらい前にできた法律でしょう?

「高齢者虐待防止法(2005年成立)の中の、第2条4の二に、『高齢者にわいせつな行為をすること、または高齢者をしてわいせつな行為をさせること』とあります。

表に出てこなくても、こういう条文を入れなければいけないというのは、現実に施設の中で、あるいは病院など特定の場で、高齢者に対して性的虐待があるからでしょう。特に認知症のかたに対して、男女を問わず〝イタズラ〟があるとよくききますね」

トシを取ることが恐ろしいと既述したが、自分で自分の身を守れない最悪のケースとして、川崎市の老人ホームのベランダから3人が相次いで不審な転落死した事件は記憶に新しい。

マダラボケのうちにSOSを出せる窓口の常設など、虐待防止の具体化が各自治体に求められる。窓口の条件は、地方の名士や権力者らと距離をおける、公平性のある視座を持った専門家でなければならない。

巻末

熱海警察署長に聞きました

署長にご登場願ったワケ

年寄りが自立して生きざるをえなくなった時代。情報社会ではさまざまな情報が断片的に入ってきて、何となくわかったような気になっているが、ちゃんと理解しているかとなると怪しいことが多すぎる。

今回私は貴重な体験をしたことを老いへの警告と受け止め、チャランポランの心と財布をしっかりさせるために、年寄りに恐ろしい時代とはどのくらい恐ろしいのか聞いてみようと思った。

振りこめ詐欺を中心にして全体像を伺いたいと熱海警察署に申し込むと、現れたのは生活安全課の課長。人のよさそうなベテラン風に警察官であることを忘れ、彼は制服でないが詐欺師の制服姿に騙される人はこんな状態なのかな、私は警察署で会ったから課長は詐欺師であるはずがない、とコンランラン気味。私の後遺症は長い。

取材日は後日決めることにしてA館食堂の昼食にすべり込む。

課長にインタビューをお願いしてきた、と私が隣席のメンバーに話すと、お隣さんが耳よりなことを教えてくれた。

「昨日ラジオを聴いていたら警察署長が出演していてね、まだ赴任したばかりなんですって。アナウンサーが署長のことをすごいイケメンだって言ってたから、代わってもらえるといいのにね」

ラジオを聴いていたメンバーがピンときた何かがあるはず。当たって砕けろだ、と課長に電話をかけた。

「……といういきさつで誠に失礼な厚かましいお願いですが、インタビューは署長に、課長はデータなどの補佐に代わっていただけないでしょうか。本当にすみません。ふざけるなと怒った？　怒ってるでしょ」

課長は怒らないどころか、署長への仲立ちまでしてくれた。新任の署長の分刻みのスケジュールに割り込む前に、一度表敬訪問してほしいという条件で。そりゃあそうだろう。どこのカゲキ派婆あか否かもわからずに、時間を割くほど暇でも無防備でもあるまい。

私のほうも〝選ぶ権利〟がある。上へ行くほど味も素っ気もない男だったら、やっぱり課長に戻させていただきます、お忙しいかたにご無理は願えません、と断るつもりだった。

なぜ署長かはもうひとつ確信がないまま、課長に指定された日時に表敬訪問に行った。

いつもは2階カウンターで課長に面会と言うと、どうぞ4階にと言われ、エレベーターもなく勝手に上がっていく。ところが、この日、2階奥の応接室に課長と向かうとき、付近の署員たちがいっせいに立ち上がってニコニコとふかぶかと礼をし、迎えてくれたのだった。帰りもしかり。

わー、映画みたい。

静岡発案の預手《よて》プラン

署長はオトコマエに違いないが、それよりも洗練されたダンディズムが全身から匂い立つような男だった。私のようにトシを重ねた女にとって〝いい男〟とは、こちらの年齢や状況を忘れさせてくれるコミュニケーションを、醸し出せる人のことである。

表敬訪問も、この日の本番も、人見知りする私を和ませる雰囲気の中で、話のテーマが振りこめ詐欺等とはおかしいやら残念やらと思わぬでもない。何をしに行ったんだ？

——A館の入所仲間から、どうしても聞いてきて、と頼まれたことがあるんです。忘れないようにその件から伺います。

「はい、遠慮なくどうぞ」

——こんなステキな署長さんにお目にかかるには、どのくらい悪いことをすれば可能なんですかって（笑）。

「いやー、私に会うには、悪いことの軽い重いはありません。軽くても会いますし、重ければ重くなったで留置場の中とか、場所が替わるだけです（笑）。もちろんよいことをされればいつでもお立ち寄りいただけますし、こちらのほうからも出向きますから」

――平成26年の振りこめ詐欺等発生状況を見ると、静岡県下で161件（全国で17番目）、熱海市だけでは6件。振りこめ詐欺以外の特殊詐欺は静岡県下で54件、熱海は1件なんですね。年寄りが多い地域にしては意外でした。

「件数はそうですが、被害額が少ないんです。静岡県警には75歳以上のかたが現金で300万円以上を引き出そうとする場合、預金小切手にするように銀行から勧めてもらい、説得に応じてもらえない場合には警察に通報される『預手《よて》プラン』というシステムがあるからなんです。犯人は現金が欲しいですから、小切手ならいらないとなるでしょう」

――そのシステムがある県はどのくらいなんですか。

「静岡が発案して、いま全国のほとんどの県で始めていると聞いています。始めるまでは金融機関に抵抗がありまして、かなり苦労された〝預手プラン〟ですが全国に広がりました」

――熱海に都市銀行がないので小田原の銀行から熱海の地方銀行へ移すとき、銀行員が来て「何にお使いになりますか」と聞いたんです。私は反応が知りたくて「私の預金を私の意思で使います」と言ったら、「わかりました」と行っちゃう。私は「おーい、もっとしっかりやれ」

と呼びとめましたよ（笑）。

「私のお金だと言われると強く言えなくなるんですね。でも私も熱海に来て件数が思いのほか少ないと思いましたよ。それは申告をされてないケースがかなりあるんでしょうね。恥ずかしいとか、子どもや周囲に責められるから言えないとか」

――公にできないオカネとか（笑）。

「そうそう。警察に届けてないケースもたくさんあると思います。警察に届けると新聞に載ってしまいますからね」

――特殊詐欺って何でしょうか。

「振りこめ詐欺と、振りこめ詐欺以外の詐欺に分かれます。

振りこめ詐欺とは、（1）オレオレ詐欺　（2）架空請求詐欺　（3）融資保証金詐欺　（4）還付金等詐欺　の4つです。

（1）は息子や孫息子のSOSで、振りこめ詐欺被害の3割強がオレオレ詐欺です。被害者の大半が65歳以上で、女性は男性の4倍です」

――うわー、やっぱり〝母と息子〟ですね。

非英語圏で一番美しい単語は？

皮肉なことに、家族の絆があるやなしやでバラバラになってしまった現代なのに、オレオレ詐欺の世界では母と息子の熱い想いが息づいている。〝息子〟は幻想の存在として詐欺師に利用され、実際はどうだかわからないものの、母は既述したように〝岩壁の母〟の想いを、身を切るような金銭に託して差し出す。八つ裂きの刑にしても許せない〝息子〟どもだ。

余談だが、韓流ドラマの『相続者たち』で、美しいオトコのイ・ミンホが最後の高校生役に扮している。彼が留学するLAの高校の授業風景で、教師曰く、

「イギリスの文化協会で、世界の非英語圏102カ国を対象に、一番美しい単語が何かを調べた。何だと思うか？」

答えは「マザー」だった。

彼らはその「美しい単語」に、どういう想いを込めたのだろうか。

私は日本が儒教の残滓を引きずっているために、母と息子の特別な関係がクローズアップされていると思っていた。だが右のドラマを観てつらつら考えるに、アメリカの過剰家族主義ともいえる濃厚な絆をはじめ、どの国においても、少なくとも右の102カ国プラス英語

圏においては、〝母〟が美しい言葉であり、特別な情愛関係を意味していると思ってよさそうだ。私のように女の滅私奉公を当然視する日本の家族主義から逃げ出しても、息子、娘、孫たちへの熱い思いの前に我欲はない。

――ところで、父と娘というケースはないんでしょうか。

「ほとんどありませんね。ワタシワタシ詐欺というのは極めて少ないですね（笑）。孫の場合も男の子ですから。女の子は両親と頻繁に連絡を取っているので、犯罪の口実に利用されることは極少でしょうね」

――私も東京にいる息子とは用事がないと電話でも話さないのに、アメリカにいる娘とはしょっ中電話もあるし、行き来もしてますね。

「ですから息子のSOSに、声が変だなと思っても、風邪を引いたと言われれば騙されてしまうのでしょうね。私も最近は訓練のつもりで父親に〝オレだよ〟と電話してますし、息子からも〝オレ、オレ〟とかかってきますよ（笑）」

しっかり者で通っている私の親友が、レストラン経営の息子から四国の地方銀行へウン100万円送ってほしいとの電話に、声は息子に似ているがいくつか質問すると全部正解。食材の買い付けに行っているんだろうと振り込んだら、オレオレ詐欺だった。

――偉いのは銀行の支店長。地方の銀行に次々と送金されておかしいと思い、支出をすべて凍結したためにお金が無事だったそうです。

「よかったですね。その支店長さんは表彰ものですよ」

さまざまな詐欺の手口

「（２）の架空請求詐欺とは、携帯電話などを見ていると突然メールが入ってきて、あなたが見ていたサイトは有料です、お金を払ってください、払わないと裁判を起こしますというメールですが、一番引っかかるのがアダルトサイトですね。それを送る側は見ているか否かもかまわずにどんどん送ってくるので、騙されてお金を払ってしまう。男の弱みにつけこむ典型的な詐欺ですね。
（３）の融資保証金詐欺に引っかかるのは中小企業のかたですね。低金利でお金を貸します、そのかわり保証金が必要です、と」
――それがおかしいですよね。お金を借りるのにお金が要るなんて。

「自転車操業になっていて、ほかにも借りていたり、もう借りるところがないという人が明日支払わなければならないとなると、引っかかるでしょうね。保証金を１００万円払っていただけたら２０００万円貸しますよと言って、保証金が振りこまれたらそれを下ろしてドロンですよ」

――振りこめが成功したら快感でしょうね。

「だからやめられなくなるんでしょう。

（4）は還付金等詐欺ですが、市役所や社会保険庁の職員を装って、税金が還ってきますよとか、高額医療費の返金がありますよとか言って、近くのATMに誘い出し、私の言う通りにタッチパネルすれば振りこまれます、残金はいくらありますかと携帯で操作するんです。振りこみのボタンを押すと口座から口座へ持っていかれてしまう。被害者はお金が入ると思って操作するのに、出ていってしまう」

――こえーー。機械に弱い私もやられそう。

「残高を見てすぐ警察に連絡すれば口座を凍結できる可能性もあります。

次に、振りこめ詐欺以外の詐欺に入りますと、（1）金融商品等取引名目　（2）ギャンブル必勝法情報提供名目　（3）異性との交際あっせん名目　などがあります。

（1）は、これから株が上がりますよ、元本も保証しますとか、社債を買ってくれたら後で必ず高く買い取りますよとか、未公開株で出た損を取り返してあげます、代わりに別の商品を購入してくださいなどの〝うまい話〟は、詐欺の可能性が大きいですね。

（2）は、馬券とか車券が当たりますよとか、パチンコの必勝法教えましょうか、その情報を教える代わりにお金を振りこんでくださいとデタラメを教えるんです。宝クジ当たりますよ、とかね」

――自分でその宝クジを買えばいいのに（笑）。

「ギャンブルにのめり込んじゃっている人は負け越しているので、少しでも取り戻したい欲が強くて騙されるんでしょうね。

では情報代として50万円いただきます、この情報で100万円稼げますよと騙し、振りこまれたらドロン。
（3）は、異性との交際を紹介する風に持ちかけて、紹介料を取ってドロン」
――まあ、よくも次々と考えますね。最近の手口として目立つものがありますか。

「高校の卒業生名簿とか大学の卒業生名簿を悪用したオレオレ詐欺ですね。名簿屋という男がどこからともなく入手して、ブラックな連中に売るんです。詐欺電話が集中してかかるので、どの学校名簿が流れたかすぐわかりますよ。

あと新手としては、これまでは振りこんでくれが大半だったのですが、いまは現金を受け取りにくるんです」

――えっ、そのときに通報したりパクったりできないんですか？

「その前に電話で〝息子〟に騙されていますから、息子の代わりの友人が受け取りに来たと思いこんでいるんですね」

――あ、新幹線などに乗ってわざわざ手渡しに行くお母さんもいましたね。

「で、息子にお金が届いたか確認の電話をすると〝この携帯は現在使われておりません〟ですからね。その電話は〝息子〟が事前に〝電話を変えたから〟と連絡してきたもので、お母さんが以前のところへ電話をすると、本当の息子が出て詐欺だとわかる」

――もうっ、市中引き回しの後に八つ裂きにしても足りませんね。

被害者の心理

「私は絶対大丈夫、だってオカネないもの――そう言っていてもタンス預金はあるし、銀行へ行けば預金がある。警察は騙された人にアンケートを取るんですが、振りこめ詐欺のことを知っていましたかには、大半の人が知ってると答えます。

では何で引っかかったんですかと聞くと、いや、私は絶対騙されない、自信がある、という回答がトップ。次は、振りこめ詐欺はオカネのある家にかかってくる、うちはないからという先ほどの心理ですが、かき集めればあるんですね。

――やられた人のその後はどうなんでしょう。

「その後の生活に支障がなければ、口惜しさはしようがないとしても、まあ大丈夫なんですが、中には、全国的に見れば自殺されたかたもいると思います」

――でしょう。わかるわ。自分が許せなくて、自分を責めてしまうんですね。それはもう金額じゃなくて自尊心の問題でしょう。

「そうです。自分をいじめてしまうんですね。年金生活のかたが年金をやられてしまって、路頭に迷ったケースもありますし、数千万円もやられて家を売るしかなくなったかたもいると聞いています」

――そうなったらどうしたらいいんですか。まっすぐ福祉事務所に行くしかないんですか。

「渡してしまったらお金はまず返ってきませんね。犯人たちはそのお金でベンツを買ったり海外旅行へ行ったり。私も振りこめ詐欺をつかまえたことがありますけど、アルマーニの服を着て高級車に乗って、毎日のようにキャバクラへ行って豪遊ですよ。これ全部振りこめ詐欺で騙し取ったお金です」

――聞いているだけで血圧が上がってきちゃう。

「警察が犯人グループをつかまえたとき、犯人がまだお金を持っていたら返ってきます。そういうシステムができているんです。ですからダメモトでも、警察に被害申告をしてください。犯人を捕らえて口座に1億円あるとすると、犯人から話を聞いて返していくんです。満額戻るかどうかはわかりませんが」

――残っていたら望みがあるけど、犯人が使ってしまったら絶望してしまい、被害申告するのも辛いような気がしますが。

「うーん、口惜しくてあまり大げさにはしたくないかもしれません。けれどそこは私が申告しないと、第2、第3の被害者が出るかもしれないと考えて、勇気を出していただきたいですね」

――この拙著もそうですよ。私が面倒がって泣き寝入りしてしまうと、青森の福祉法人は私と同じ扱いを他の年寄りに平気で続けるかもしれないし、これから施設を選ぶ人もどこに注意するかサービスのポイントがわかりやすいようにと、自分のオッチョコチョイの恥さらしをしています。

あなたの勇気が他の人を助けます

「申告はお金を取り戻すか否かだけでなく、こんな手口で騙されましたというのを聞いて、これまでにない手口というときは次の被害者を出さないために、すぐに対応するためもあるんです。あなたの勇気ある行動がほかの人々を助けます、とポジティブに考えていただきたいですね」

――そのキャッチコピー、いいですね。で、これらの対策はどうしたらいいでしょうか。

「昔から言われていることは、家族で合コトバを決めておくことですね」

――〝山〟〝川〟ですか（笑）。

「ペットの名前は何？　とかね（笑）。いま警察では留守番電話にするよう呼びかけています。いったん留守電にしておくと冷静に聞けますが、取ってしまうとワーッと来ますからね。携帯もわからない番号だったら、留守電にして後から聞くほうがいいですね。犯人は留守電だったら切っちゃいますから」

――こういう悪い連中が増殖する恐ろしい時代になって、ただでさえ判断力が鈍る年寄りは生き難いのに、家族に守ってもらえず独りにされてしまう未曽有の現代の、新しい犯罪といえそうですね。

「ええ、熱海はひとり暮らしのお年寄りがかなり多いところです。たとえば市営住宅の高齢化率は8割近くと聞いております。高齢者でもいろいろな会合に出てくるかたは、情報を警察や行政から受けるんですが、独居のかたの多くはそういう情報も入らない。そういうかたたちにどうやって情報を届け、またそのかたがたのお声をどうキャッチするかというシステム作りが、今後ますます必要になってくると思います」

「ムラといっていた昔は情報が地域の中で自然に伝わっていました。お年寄りが外で夕涼みしながら子どもたちに声をかけ、名前を聞いたりしていました。それがいまは社会が変わってしまって、高齢化して独居している」

――時代が変わると他方でその弊害がありますね。

「でもそれも考えかただと思うんです。私は日本が高齢先進国だと思っているので、世界のリーディングケースになればいいと考えているんですよ。韓国も中国も高齢化が進んでいるので、いいモデルになれるような、と」

――それにはひとり暮らしの最低の衣食住を保障するなど問題が山積してますね。

犯人はみんな若者

「皆で考えて少しずつですけど住みよい地域にしていけたらと。たとえば静岡県は防災県ということで、ある街では地震があった場合黄色いタオルを軒先に下げようと、高齢者のお宅にそれを配っているそうです。映画の『黄色いハンカチ』になぞらって、うちは大丈夫ですよ、という合図ですね。具合が悪くなった人は軒先にタオルを下げられない」

――へー、なるほどねえ。

「そういうアイデアを出しあってやってゆくのが日本流なのですかね。お年寄りが気づいたことを発信してくださると、だいぶ変わっていくと思うのですが」

——どこへ発信していくのがいいですか。

「一番いいのがいろいろの総会の場ですが、たとえば防犯協議会というのがありまして、そこには関係機関が全部来ています。あとは町内連合会は警察と親しいので、お年寄りが町内会を通したり、直接私に言ってきてくださるのもＯＫです。

ふだん接し難いお年寄りに情報がどの程度届いているかですが、よく行政はあらゆることをやりなさいと言いますけど、お年寄りが自分で情報をせばめてしまってる問題があります。好きなゲートボールやダンスのことなど興味のある情報は熱心に入手しますが、それ以外のことはシャットアウト。振りこめ詐欺や交通事故情報の交番速報などを町内会の回覧板でお知らせしてますが、読んでくださっているかどうかいつも考えています」

——耳が痛い（笑）。本当にいままでの感覚では生きていけないことはよくわかりました。自分で自分の身が守れなくなっているんですよ、このテクノロジーのせいで。

「昔から自分の身は自分で守れとずーっと言われてきて、いまでも言われてますね」

——自己責任とかね。自己責任の取りようがないじゃないですか。

「ですから皆で社会全体で守らなければいけなくなってます。本来なら特別な犯罪というのは警察が封じ込めるわけですが、この振りこめ詐欺だけは封じ込めてないですね。もう10年以上も続いていて減らないんですから」

――手を替え品を替え、やって来ますものね。

「許せないのが、犯人は皆若者なんですよ」

――えーっ、ずーっと一生悪事の味をしめて、真面目に働こうとしないじゃないですか。

「ええ、皆20代ですからね。さっき言ったお金を受け取りに行く犯人は受け子《うけこ》、ATMにお金を出しに行くのは出し子《だしこ》と言います。その受け子とは新宿でたむろしている若者にバイトやらないかと声をかけ、熱海のおばあちゃんのところへ行ってお金を受け取ってきたら〇万円やる、と言われた雇われ人なんですね。警察は彼らをけっこう捕まえているんですが、それを指示した上が誰かわからない」

――暴力団関係なのでしょうか。

「そこまでたどり着けない。こま切れで知らないひとをリクルートするので、頂上まで行けないんです。口座だって他人から買ったもので、口座用にリクルートした人に通帳を作ったら〇万円あげる、ですから、その人を捜査しても上までいけない。携帯電話も同じです」

――何だかユーレイを追ってるみたいですね。

「何でなくならないのかといえば、頂上まで突き上げ捜査が難しいんですよ」

――大変なお仕事だとお話を聞くだけでも切なくなりますが、一番お辛い場面はどういうときでしょうか。

「被害者の顔が切なくて見るのが辛いですね。孫のために積み立てたお金を全部やられた、というおばあさんのような被害者が多いのに、そのお金で犯人らは贅沢三昧でしょう。お年寄りを若者が騙すなんて、将来日本はどうなってしまうんだろうと思いますよ。

ただ、社会が便利になったからこそ、こういう犯罪が生まれたという面もありますね。パソコン、携帯、ATMなどの便利さを逆に悪用されている。技術革新を使いこなしている連中のほうが賢いから、それに負けないように防御策を取らなければいけないですね」

――ハリウッド映画に現実が追いついた（笑）。『ダイハード』1~4の主人公はダメ警官ですが、事件に巻きこまれてボヤイていられなくなるところが面白いですね。

「日進月歩の機械文明に追いついていくことが、われわれの重要な任務のひとつだと考えて努力しています。

特にここ熱海は、お年寄りが安心して暮らせる街にしたいと頑張っていますが、市民の皆さんのお声やご協力が欠かせません。皆さんに頼りにされると同時に、親しんでいただける警察にしていきたいと思っています」

何という皮肉な話だろう。年寄りが安心して暮らせる街に近づくほど、それは精巧な管理社会になっていくというパラドックス。

いままでの私なら管理体制なんてとんでもない、魂の自由を、と何の迷いもなかったが、メカニズムに支配されてしまった社会の中でそれを悪用する人々が、メカに手も足も出せない年寄りを蹂躙する。

その被害もどきで私もいたぶられ、使わなくてもいい金銭を100万円近く失った独居老人としては、管理システムなどとんでもないと言えなくなってしまった。かといって〝公〟の前にはプライバシー権はどうでもいいとは絶対に言えない、複雑で困難な問題がある。

しかし、あくまでも主体は国民・市民であり、「健康で文化的な生活」を営むための民主的なシステム作りに英知を傾けてこそ、近隣国のモデルとなりうる高齢先進国になろう。

そういう展望を示唆してくれたおだやかな署長や課長を思うと、小さな街の温かさ柔らかさに希望が持てる。

最近、山々にこだまする熱海警察の有線放送のバージョンが変わった。

「最近、子どもや孫をかたって、オカネやカードを騙し取ろうとする、不審な電話が増えています。これは振りこめ詐欺です。このような不審な電話がありましたら、熱海警察（デンワ番号）に連絡してください」

エピローグ

熱海梅園の花景色が若みどり一色に変わり、やがて梅雨空の樹々が霧雨にしっとり濡れる季節になると、梅園にホタルが飛ぶ。

夜の闇が渓流の飛沫の白さを浮き立たせるころ、川辺に密集した草むらのそこここに小さな夢幻のような光を見て取れる。

係の人が言うには、今年は5千匹を孵化して放流したが、飛べるのは元気なホタルだけ。日に日に弱るのが多いから、今夜は何匹飛んでくれるだろうと夜空を仰ぐ。

私は瞬間、人間社会に放流された年寄りの心細さと、ホタルのはかない命が重なって、風流心がふっ飛んでしまった。さしずめ私は川面に流されかけたが、岸辺の草に必死でしがみつき、最期の命のほむらを光らせようとしているしぶといホタルか。

命あるものは、死ぬまで生きなければならない。とりわけ人間はただ命をはかなくさせるだけでなく、拙著『老親を棄てられますか』（映画『老親』）の主人公、私の元舅が言ったように、「人間は死ぬまで成長し続ける存在なんやで」という厄介な生きものである。

命のほむらを光らせるべく、よりよく生きようと活躍するシニアたちの営みに鼓舞され、私もまた新住地熱海で一から教育委員会生涯学習課、教職員指導室、図書館、市役所障がい福祉室などに挨拶に回り、細い根をおろそうと歩き回る。一歩一歩、また一歩と。

静岡市にある「人間と性・教育研究協議会静岡支部」に入会すると、この秋に岐阜までを網羅する「東海セミナー」で『発達障がいと思春期』の講演をするようさっそく頼まれた。当会の支援を当てにしながら、熱海や静岡各地に発達障がい児・者と家族の居場所を、やがては専門家の育成を含むプロジェクトを創れればと夢見る。

障がい福祉室の室長、主幹ら3人に面会した日、「熱海でも動き出そうとしていたところです。グッドタイミングですね」と言われ、「今日課長が留守なのでもう一度来てもらえませんか」と通り一ぺんではない反応。

各地で発達障がい児の対策が活発になったのはうれしいが、大かたは幼少から小学生どまり。親子で頭を抱える思春期の性教育は手つかずのまま、問題がふくれ上がる。

その裏付けのため、中学の支援学級で性教育を実践した元女教師を取材し、拙著『発達障がいと思春期』（柘植書房新社）に載せようとしたら、印刷直前で彼女のドタキャン。口惜し涙を抱えて数年経ったが、日本の発達障がい関係者が思春期問題を克服したという話は聞こえてこない。

年寄りの振りこめ詐欺問題のエピローグなのに、発達障がいの言及は何だ？　と思うムキもおいでだろう。

私は老いの劣化状況のために今回アホな目に遭い、青森まで行くハメになった。が、岸辺の草に必死でしがみつき、熱海の夜空にホタルの最期の光を灯せる幸運は、たくさんの人々に助けられ与えられたものだと感謝している。

このしぶといホタルの強運を（悪友はホタルでなく不死鳥だと笑うが）、その感謝の気持ちを、発達障がいの啓発活動に還元していきたいと願う。

もしかすると森羅万象の神サマが私に発達障がいの孫を与えてくれたのは、啓発活動を辻説法よろしくさせるためだったのかもしれないと思う。グルリと遠回りしたのは、ヤマッケが多くて腰の定まらぬ私が痛い目に遭って老いを自覚するのを待っていたのか。

青森に夢を描いた「ババリーナ」は、雪に閉ざされることのない熱海では必要ないし、「エッセーサロン」は書くことが好きな人たちとの出会いを待って、私の唯一の趣味として再開できればいいと気長に考えている。

人生100年時代を納得のいく時間で埋めるには、並大抵のコンセプトでは済まないことは誰もがわかっている。しかも老いの身ひとつ生かすにも、自己責任だとする厳しく冷たいこの国の現実で、岸辺の草にしがみつけた私。ありがたいと思いつつ、しかし恥ずかしく申し訳ない気持ちが時折こみ上げるのを抑えようがない。「フン、いい気なものね」——この声が聞こえてしまう。それは川面に流された場合のホタルである私の声でもあったから。

ＮＨＫドキュメント「漂流社会」によると、高齢化率が全国一の秋田県では、収入にかかわらず後期高齢者の医療・介護とも1割負担のため、80％が介護サービスを受けてないという。しかも1割が3割負担になる日も織りこみ済みだ。高齢世帯の孤独死が急増しているという現在、いまの年金、税、保険などを一律に取るのは無理だと番組も指摘する。

〝安全圏〟に一応しがみつけた私だが、この国の実態を思うと心の底からヨカッタとは思えない。その気まずさが私の寄って立つリアリティーだが、非力な婆あひとりでは何をどうすることもできない。

で、私のできる範囲で最後の余力を発揮しようと思うのは、身近な問題の発達障がい関係になる。

なぜ子どもか。子どもは未来だからである。未来が希望とは限らないけれども、よりよい未来に向かおうとする皆のエネルギーが希望を生む。それを信じたい。

さらにここに来て、いつもどんよりと曇っていた日本の政界空を、12万人のデモが吹き飛ばす未曽有の〝21世紀安保〟が出現した。マボロシと消えた〝80年安保〟を上回るこの国のリベラリズムが国会を囲んだ日、私はあろうことか夏のバークレーに渡米したという、どこまでもマヌケな婆あの、時代に乗りそこねた図に地だん駄踏む。

グチをこぼせば、日本のどこへ行ってもオール保守か超保守になってしまい、私は現状肯定のコロモをまぶし、肩すぼめてコミュニケーションを取っていた。不思議なことに論客仲間がいなくなってしまったのだ。定年退職で地方や外国に行ってしまった人、亡くなった人たち、病気やからだが不自由になった人など、何より一番悪いのは居住の定まらなかった私の自業自得かもしれないが。

電話や手紙でつながっている友人もいるが、「デモに行かない？」と昔のようにはならないご老体。もしかするとこれがトシを取るということかもしれないと、共産党以外の野党まで消えてしまった右傾化一色をシカトしていた。

別に私は政治的には何でもないただの市民だが、アメリカン・デモクラシーのように保守とリベラルが時計の振り子のごとく行き来し、バランスを取る社会が健康な国だと昔から考えてきた。人間は間違いを犯しやすい存在だから、とは多くの人が指摘したことだ。

だが、「戦争放棄」の平和憲法を遵守するのは年寄りの一徹でしかなく、軍隊を持ってアジアの覇者になることが時流に乗った愛国者だと、元気な老人群の鼻息が荒い。からだの不自由な知識層の年寄りも、「もう軍隊を作らないとどうしようもないでしょう」と中国を睨む。

百歩譲って、この国を軍事国家にしたい年寄りはまず自分から軍隊に応募するべきだ。あるいは彼の子や孫を真っ先に差し出すならわかるが、大人になっても親に庇護された軟弱な若者が、戦争に行って人殺しができるわけがない。いきおいお国のために戦う兵隊サンは、鉄砲ならぬ杖をついた白髪のアーミーとなれば、世界中から同情されるかも。

老人大国となった日本が年寄りの面倒を見きれず、軍隊に徴兵して他国を侵略させれば、他国がホロコーストを実施してくれて一石二鳥だろう。何を世迷い言をと失笑するムキには、紀元前から『三国志』などに見るように見事な軍事文明国家を築き、太平洋戦争以後も70年を一貫して戦争体制を維持する国と、対等な軍事力を持つにはいったいいくらカネがかかるか考えた上での発言なのか。

そのシミュレーションとしてオリンピックを実施するのだ、という本音が透けて見えるようだが、中途半端な軍備など相手を刺激して喜ばすだけだ。古今東西、兵器というオモチャを手にした男どもは必ず使いたがり、使うために戦争を起こすのは自明の理。

その愚かさにストップをかける人々が、国会をはじめ各地の主要都市に続々と集まったのだ。ヨカッタ。同じ想いの人がこんなにいた——ネットのニュースで写真を見ながら久々に深呼吸できた。群集の中には亡き母の姿も見て取れるうれしい錯覚まであった。

母は生前、軍靴の音が近づくたびに、「息子たちが軍隊にしょっ引かれる一番前で、私はからだを張って抵抗する」と息まいていた。私は母の志を抱いて、帰国後にできるだけデモに参加しようと思う。国の運命を左右する改憲問題は長引きそうだから。

さて、紙の本がなくなるという。電子書籍のターゲットは30代だとか。本書を書き進んでいた私はマッサオになった。当てにしていた出版社は「自費出版だけ」と言い、大手新聞社は「持ちこみ原稿お断り」と言いながら、「門野さんはたくさん本を出しているんだから、出版社はいくらでもあるでしょう」ときたもんだ。現実を知らないのはどっちだ。

紙に文字を書き、本にする。人類が延々と営んできた文化が機械文明に滅ぼされようとしている。産業革命が人間の暮らしをガラリと変えたように、紙は電子に駆逐されるのか。紙の本はまさに現代のホタルのようで切ない。

ところがドッコイ、熱海に落ち着いたご縁で、静岡新聞社から本書を出すことができた。まことにありがたく、幸運を噛みしめる。併せてお世話になったかたがた、熱海警察署長と生活安全課長、ケアハウスのディレクター、野原すみれさんやバレリーナJさん、浦安日の出公民館館長と皆さん、とっておきのWさん、静岡新聞出版部の庄田達哉さん、小林英樹さん、そして読者の皆さまがたに心から感謝いたします。

2015年晩秋　門野晴子

門野　晴子（かどの　はるこ）

１９３７年生まれ。ノンフィクション作家。１９８０年から学校教育と子どもの問題、９１年から老親介護と高齢者福祉の問題で執筆・講演活動。最近は孫の発達障がいについての著述に携わる。

主な著書に『老いて、住む』『星の国から孫ふたり』（以上、岩波書店）、『サバイバルおばあさん』『ワガババ介護日誌』（以上、海竜社）、『寝たきり婆あ猛語録』『介護保険・不幸のカラクリ』ほか（以上、講談社）、『老親の介護で力尽きる前に』（学陽書房）、『老親を棄てられますか』（主婦の友社）、『おばあちゃんの孫育ち』（小学館）、『発達障がいと思春期』（つげ書房新社）その他多数。

E-mail:kadono1937@yahoo.co.jp

どうして年寄りはカモられる？

発行日…………2015年12月1日 初版第1刷

著　者…………門野晴子
装　丁…………山田ケンジ
発行者…………大石　剛
発行所…………株式会社静岡新聞社
〒422－8033 静岡県静岡市葵区登呂3－1－1
電話　054-284-1666
印刷所…………図書印刷株式会社

ISBN978-4-7838-2247-9